JH-50028

Berliner Type

03

INTERNATIONALER
DRUCKSCHRIFTENWETTBEWERB
FÜR DEUTSCHLAND, ÖSTERREICH
UND DIE SCHWEIZ

INHALT

DIE HAUPTKAPITEL
-- **VORWORT**
-- **TRENDS**
   Druck
   Typografie
-- **AWARD**
-- **RANKING**
-- **KAMPAGNEN**
-- **PARTNERS**

-- INHALT

VORWORT 04

TRENDS .... 08 -- **QUO VADIS, DRUCK?**
               08 -- BRANCHE IM WANDEL
               18 -- SERVICEANGEBOTE FÜR DRUCKKUNDEN

               22 -- **SCHWERPUNKT TYPOGRAFIE/GESTALTUNG**
               22 -- EINLEITUNG
               24 -- ERSCHEINUNGSBILD IM WERTEWANDEL
               30 -- INNOVATIONEN UND HERAUSFORDERUNGEN
               36 -- CORPORATE TYPE
               40 -- VOM LERNEN UND ANWENDEN

AWARD .... 48 -- BERLINER TYPE – DER AWARD 2003
               52 -- BERLINER TYPE – DAS RANKING 2003
               54 -- BERLINER TYPE – DIE JURY 2003

**JURY-
STATEMENTS** .... 58 -- TRENDS UND EMPFEHLUNGEN

KAMPAGNEN .... 64 -- *gold*
               78 -- *silber*
               92 -- *bronze*
              110 -- *diplome*

PARTNERS .... 150 -- PARTNER/ADRESSEN
              152 -- REGISTER
              159 -- IMPRESSUM

VORWORT

ODO-EKKE BINGEL, AwardsUnlimited, verantwortet
die Wettbewerbe des Kommunikationsverbandes, Hamburg

SCHLAGWORTE
- -- OPTIMIERTER MITTELEINSATZ
- -- BERLINER TYPE: KRISTALLISATIONSPUNKT FÜR FACHLICHE ARBEIT
- -- MESSLATTE FÜR QUALITÄT
- -- ZEICHEN CONTRA GEIZMENTALITÄT
- -- BLICK ÜBER DIE GRENZEN SCHAFFT TRANSPARENZ
- -- DIE JURY: KONTINUITÄT IN DER BEWERTUNG UND INNOVATION
- -- FACHLICHE AUSEINANDERSETZUNG IM KREATIVBEREICH
- -- VERGLEICH DER LEISTUNGSSTANDARDS

-- VORWORT

ZEICHEN SETZEN GEGEN DAS COST-CUTTING

-- *Effizienz steigern, Mittelmaß vermeiden*

Die Kundenseite nennt es „optimierten Mitteleinsatz" oder „Steigerung der Effizienz". Alle auf der Gegenseite nennen es einfach „Preisdruck". Der Kreativität wird dabei leider oft genug die Luft abgeschnitten. Und das Ergebnis kann dann eigentlich nur noch Mittelmaß sein – Konzepte ohne Mut und Maßnahmen mit nur halbdurchdachter Strategie. Bezogen auf die Berliner Type heißt das: Publikationen und Druckschriften, denen man ansieht, dass sie zwar gut gemeint, aber ohne Leidenschaft und Liebe zum Detail zu Ende gebracht worden sind.

Die Schere zwischen guten und schlechten Arbeiten ist auch in diesem Jahr weiter auseinander gegangen. Allgemeines Sparen bleibt angesagt. Dafür wird offensichtlich auch in Kauf genommen, dass qualitätsvolle Lösungen dem Rotstift zum Opfer fallen.

Mit den prämierten Druckschriften der Berliner Type setzt der Kommunikationsverband wieder einmal beeindruckende Zeichen gegen die grassierende Geizmentalität. In diesem Buch der Besten zeigt sich, was trotz Cost-Cutting noch möglich ist oder wer konsequent dagegenhält. Die hier publizierten ausgezeichneten Arbeiten aus vielen Bereichen geben Anstöße und definieren die aktuelle Messlatte: für Konzeption und Text getrennt nach Verkaufsförderung/Werbung/Public Relations und außerdem für Grafikdesign, Fotografie, Typografie, Reproduktion, Druck und buchbinderische Verarbeitung.

Vor diesem Hintergrund ist eines klar: Wer es geschafft hat, eine der „Berliner Typen" in Gold, Silber und Bronze oder eines der Diplome zu ergattern, kann stolz auf seine Leistung sein. Da wurde – oft trotz Gegenwind von Kundenseite – hervorragende Arbeit geleistet.

Es gibt sie also doch noch: sehr gute verbale und visuelle Information in Druckform – allen Unkenrufen zum Trotz. Das Suchen nach ihr ist allerdings mühsamer geworden und die Herausforderung größer. Eine exzellente Jury, die sich der Aufgabe gestellt hat, die Trüffel zu finden, war dennoch wieder erfolgreich – zum 35. Mal inzwischen. Herzlichen Dank für eine Arbeit, die der Kommunikation insgesamt gut tut: Heute mehr denn je.

6 -- 7

TRENDS

DIE THEMEN
-- MUT ZUR INNOVATION: DEN WANDEL MEISTERN
-- STANDARDS ERLEICHTERN DIE ZUSAMMENARBEIT
-- KONFLIKTE LÖSEN DURCH MEDIATION
-- TYPOGRAFIE IST NICHT NUR KOSMETIK
-- HERAUSFORDERUNG GESELLSCHAFTLICHER WANDEL
-- TYPEMUSEUM
-- OTC UND CORPORATE TYPE
-- IST GUTE GESTALTUNG LERNBAR?

-- INHALT

SCHWERPUNKT DRUCK....... 08 -- QUO VADIS, DRUCK?
Durch Umbruch zum Aufbruch –
eine Roadmap für die Druckbranche -- *Andreas Weber*

18 -- DRUCK UND MEHR
Hilfen und Serviceangebote auch für
Kunden der Druckindustrie -- *Yvonne Frenz*

**SCHWERPUNKT
TYPOGRAFIE/GESTALTUNG... 22** -- EINLEITUNG
Interesse wecken, Emotionen auslösen –
Typografie ist mehr als Verpackung -- *Birgit Laube*

24 -- GESTALTUNG
Dem permanenten Wandel unterworfen –
Typografie transportiert Charakter, Handschrift,
Haltung und Kultur -- *Markus Hanzer*

30 -- DIGITALE UMSETZUNG
Den gesamten Globus adressieren –
technische Innovationen bieten Kundenorientierung
ohne Kompromisse -- *Bruno Steinert*

36 -- PRAKTISCHE BEDEUTUNG
Einheit in der Einheit – Corporate Type als Ausdruck eines
ganzheitlichen Unternehmensstils -- *Joseph Pölzelbauer*

40 -- AUSBILDUNG
Sehen – erkennen – experimentieren – der innere Anspruch
als Motor bei der Gestaltung -- *Christine Wagner*

--Quo vadis, Druck?

DURCH UMBRUCH ZUM AUFBRUCH: EINE ROADMAP FÜR DIE DRUCKBRANCHE

ANDREAS WEBER bezeichnet sich selbst als Digital Lifestyle Evangelist. Er ist als Journalist, Buchautor, Redner, Moderator und Kommunikationscoach rund um den Globus aktiv.

Andreas Weber hat über 2.000 Veröffentlichungen verfasst, die in bis zu 28 Sprachen übersetzt wurden. Seine Arbeitsschwerpunkte liegen auf allen Aspekten der modernen Kommunikation wie: Interactive Marketing, Brand- und Community-Building, Digitalisierung der Kommunikation und Print-Kommunikation. Geprägt hat Weber vor allem die Zusammenarbeit mit dem Designer Otl Aicher, um dessen Schriftenfamilie Rotis im Markt erfolgreich einzuführen. Weiterführende Hinweise und Details: http://www.zeitenwende.com

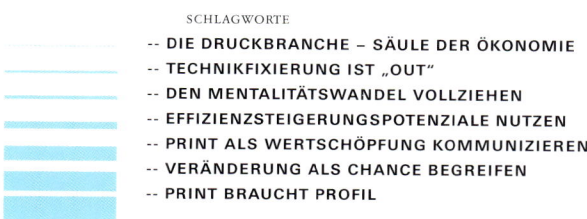

SCHLAGWORTE
-- DIE DRUCKBRANCHE – SÄULE DER ÖKONOMIE
-- TECHNIKFIXIERUNG IST „OUT"
-- DEN MENTALITÄTSWANDEL VOLLZIEHEN
-- EFFIZIENZSTEIGERUNGSPOTENZIALE NUTZEN
-- PRINT ALS WERTSCHÖPFUNG KOMMUNIZIEREN
-- VERÄNDERUNG ALS CHANCE BEGREIFEN
-- PRINT BRAUCHT PROFIL

-- TRENDS

„UMBRUCH" (ENGL.: MAKE-UP, ASSEMBLING, IMPOSITION | CHANGE)

Rund 500 Jahre übersteht die Gutenberg-Galaxis nahezu unverändert. Dann überschlagen sich die Ereignisse: Innerhalb einer einzigen Generation verändert sich Ende des 20. Jahrhunderts in der grafischen Branche mehr als in all den Jahrhunderten zuvor. Spezialisierung, Automatisierung, Rationalisierung, Prozessmanagement und gigantische Kapazitätsausweitungen beschreiben einen Prozess, der ganze Berufe und Berufszweige verschwinden lässt und das Druckgewerbe zur Druckindustrie verwandelt. Der jährliche Produktivitätszuwachs ist Mitte der 1990er-Jahre so groß wie 30 Jahre zuvor eine ganze Jahresproduktion der Branche.

Die Industrialisierung der Druckbranche ist durch zweierlei geprägt:
1.   Wachstum entsteht durch Standardisierung und Prozessoptimierung.
2.   Immer weniger Fachleute schaffen mit neuen, qualifizierten Werkzeugen immer mehr „Output".

Mit der Standardisierung geht die Elektronisierung einher: Übergreifende Technologie-Konventionen ermöglichen es, Hard- und Software mit grafischem Fachwissen „intelligent" anzureichern und zu popularisieren. Arbeitsabläufe werden durchgängig in Datenströmen erfasst und gelenkt. Die Ausgabe gestalteter Druckseiten – vom PC direkt aufs Papier – wird Wirklichkeit.

Zu Beginn des 21. Jahrhunderts entsteht ein Paradoxon: Auf dem Höhepunkt ihrer technologischen Möglichkeiten stürzt die Druckbranche in eine existenzielle Krise. Druckmaschinenhersteller und Druckdienstleister sind von Auftragsrückgängen und Preisverfall getroffen. Verluste, Kapazitäts- und Stellenabbau sind die einschneidende Folge. Sind dies Merkmale einer tiefgreifenden Krise – zwangsläufig und unabänderlich?

DER STRUKTURWANDEL UND SEINE FOLGEN FÜR DIE DRUCKBRANCHE

Strukturwandel bezeichnet einen stetigen Prozess der Veränderung wirtschaftlicher Produktionsfaktoren und der Zusammensetzung des gesamtwirtschaftlichen Produkts einer Volkswirtschaft. Er beschreibt langfristige Entwicklungen, die unabhängig von Konjunkturzyklen und saisonalen Schwankungen eintreten. Wie kaum eine andere Branche ist die Druckbranche vom Strukturwandel geprägt und im Umbruch begriffen.

I.   WANDEL BRINGT FORTSCHRITT

Wandel ist Teil der Evolution. Ohne Wandel gibt es keinen Fortschritt. Der Fortschritt hat seine Wurzeln in der Gesellschaft, Kultur und Wissenschaft sowie der Ökonomie, die sich wechselseitig beeinflussen. Über Jahrtausende waren Kultur, Religion und Staat die treibenden Kräfte des Wandels, seit Beginn des kapitalistischen Zeitalters sind es die Ökonomie und die Technologie. Die Industrialisierung im 18. und 19. Jahrhundert hat den Strukturwandel stark beschleunigt, die Computerisierung im letzten Drittel des 20. Jahrhunderts hat ihn potenziert.

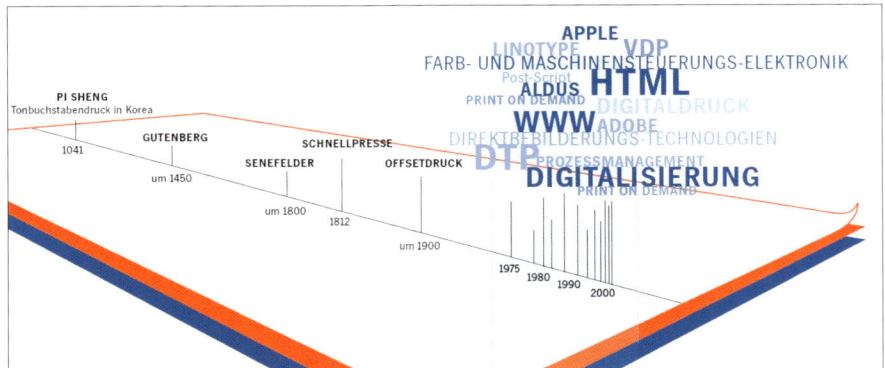

Die Zeitschiene verdeutlicht den rasanten Umbruch, der gerade in den letzten Jahrzehnten von der Druckbranche zu bewältigen ist. *(Quelle und copyright: Andreas Weber)*

Fortschritt durch Wandel vollzieht sich immer schneller – und auf nahezu allen Ebenen gleichzeitig. Die Druckbranche bildet – bislang unangefochten – eine wesentliche und einzigartige Säule der Ökonomie: Drucken erlaubt allen Menschen, Branchen und Organisationen eine Wertschöpfung durch Kommunikation mithilfe unserer ältesten und wirksamsten Kulturtechnik, dem Erzeugen und Lesen von Schrift und Bild. Drucksachen sind der menschlichen Sinneswahrnehmung so optimal angepasst wie kein anderes Medium. Sie haben Bestand und hohe Wirksamkeit.

Für den Fortschritt der Druckbranche bedeutet der Strukturwandel keineswegs eine Abkehr vom Gedruckten. Vielmehr ist er ein Umbruch in Form einer Reaktion auf standardisierte, verfahrenstechnisch offene Prozesse und digitalisierte Abläufe in der Kommunikation. Die Digitalisierung im Druck reagiert auf die digitale Gestaltung der Druckform – und die damit verbundenen Effizienzsteigerungspotenziale.

Drucken wird Teil eines vernetzten Prozesses in der Kommunikation mit Drucksachen und bezieht den „Creator" ein, der sich mit dem „Producer" vernetzt – oder sogar mit diesem verschmelzen kann. Basis für diese Vernetzung sind aber nicht die Drucksysteme, sondern die Schnittstellen und Software-Technologie-Standards (wie das Internetprotokoll TCP/IP, das Datenformat XML und das PDF von Adobe).

II. WARUM GIBT ES „DRUCK"-SACHEN?

Die Geschichte des Druckens reicht weit zurück. Die grundlegende Idee lautet: Daten, bestehend aus Zeichen oder Bildern, zu vervielfältigen. Drucken geht wie Lesen und Schreiben einher mit der Wissens- und Kulturentwicklung der Menschheit. Es entspringt dem menschlichen Denken, Fühlen und Begreifen. In dem Moment, wo es viel Wissenswertes zu berichten, zu dokumentieren und zu archivieren gab, genügte die manuelle Abschrift nicht mehr.

Der Mainzer Johannes Gutenberg ist durch seine Erfindung des Druckens mit beweglichen Lettern zum Mann des Jahrtausends geworden. Er hat das Leben der Menschen wie kaum ein anderer verändert und den Wandel vom Mittelalter zur Neuzeit beschleunigt. Mit der Bibel wählte Gutenberg das „Buch der Bücher" als Erstlingswerk. Noch heute sind Bücher wichtige, unverzichtbare Informationsquellen. Aus dem Buchdruck von einst sind viele Varianten erwachsen: Handzettel, Plakate, Broschüren, Urkunden, Formulare, Zeitungen, Zeitschriften und vieles mehr. Ohne sie wäre unser privates und öffentliches Leben nicht zu organisieren. Um diese Drucksachen ranken sich bedeutende Wirtschaftszweige wie das Verlagswesen, die Druck- und Verpackungsindustrie, aber auch Kulturzweige wie die Literatur. Drucken ermöglicht Kommunikation, Kommunikation ermöglicht Ökonomie. Und solange es Ökonomie gibt, brauchen wir vermutlich Drucksachen. Denn die in den (19)80er-Jahren angekündigte Ära der „papierlosen Bürowelt" ist nicht nur ausgeblieben, sondern es wird mehr Papier produziert und bedruckt als jemals zuvor.

Eine selbstironische Reflexion am Ende des 20. Jahrhunderts bestätigt diese These. Der in Kalifornien lebende Soziologe und Gestalter David Carson machte in den 90er-Jahren als „Digital Designer" weltweit Furore. Carson zelebrierte eine neue Kommunikationsära mit dem Szenario „The End of Print" – und präsentierte sie ausgerechnet in einem Buch, das diesen Titel trägt.

v.l.n.r.: Handpresse für Steindruck (mit Lithografie „Quittung") von Alois Senefelder, um 1818 *(Foto: Deutsches Museum München/Bonn)*
Computer mit Kultstatus: Der erste Macintosh (1984). *(Foto: Archiv Apple Deutschland GmbH)*

III. DER STRUKTURWANDEL FÜHRT ZUM UMBRUCH

Johannes Gutenberg gab dem Setzen und Drucken eine fundamentale Basis. Seine Erfindung eroberte die Welt in Windeseile. In ganz Europa entstanden Druckwerkstätten, die nach dem Gutenberg'schen Prinzip arbeiteten. Doch nur ganz allmählich wurde im Laufe der Jahrhunderte das Drucken als Technologie professionalisiert. Andere Aspekte hatten zunächst Priorität: Muss man weiterhin im Druck die Machart der alten Handschriften imitieren? Wie organisiert man den Textsatz und die Illustrationen? Welche neuen Anwendungen gibt es?

Bis ins 19. Jahrhundert hinein hat man weniger an der technischen Vervollkommnung des Buchdrucks gearbeitet als an den Gestaltungsmöglichkeiten von Drucksachen: Aldus Manutius erfand den Satzspiegel, Drucker wie Giovanni Battista Bodoni entwarfen vollendete Schriftzeichen und Alphabete. Bis Ende des 18. Jahrhunderts wurde die Druckpresse technisch kaum verbessert. Drucken war zwar überall gängige Praxis, aber auch aufwändig und somit teuer.
Um sich das Verlegen eigener Werke leisten zu können, schuf Aloys Senefelder am Ende des 18. Jahrhunderts den „Chemischen Druck" vom Stein. Senefelder fand heraus, dass ein bestimmter Kalkschiefer eine universelle Druckform bildet, um Text, Zeichen und Bilder zu vereinen sowie schnell und in beliebiger Auflagenhöhe zu vervielfältigen. Die Lithografie („Steindruck") beflügelte zunächst das Drucken von Notenzeichen, von Urkunden, die Reproduktion von Bildern und Kunstwerken. Durch ihre einfache Handhabung wurde die Lithografie innerhalb kürzester Zeit selbst zum künstlerischen Medium. Doch trotz dieses schnellen Erfolgs dauerte es über hundert Jahre, bis aus der Lithografie als Weiterentwicklung im Flachdruck 1903 der Offsetdruck entstehen konnte.
Im 19. Jahrhundert erfuhr auch die traditionelle Buchdruck-Technologie einen Innovationsschub. 1812 konstruierte Friedrich Koenig die Schnellpresse. Um die Mitte des 19. Jahrhunderts wurden Firmen wie Heidelberger Druckmaschinen, Koenig & Bauer oder MAN Roland von tatkräftigen Unternehmern gegründet, um die Mechanisierung im Druck weiter voranzutreiben. Die rasch voranschreitende Mechanisierung im Druck wiederum ergänzter die Linotype- und Monotype-Setzmaschinen durch eine hohe maschinelle Leistungskraft im Satzbereich.

Chemische Prozesse optimierten die Bild- und Druckformherstellung. Anfang des 20. Jahrhunderts eroberte der Heidelberg-Tiegel die Welt. Die somit vollzogene Dominanz von Bleisatz- und Buchdruck-Technik verhinderte lange die Entfaltung des Offsetdrucks. Erst mehr als sechzig Jahre nach seiner Erfindung begann er sich durchzusetzen. Der Umbruch gelang dann fast innerhalb einer Dekade, als der Marktführer im Buchdruck – Heidelberg – auf die Offsetdruck-Technologie umschwenkte. Mit diesem Umbruch gingen gravierende Veränderungen in der Satz- und Bildtechnik einher, geprägt von Pionieren wie dem Ingenieur Dr. Rudolf Hell und dem Schriftkünstler Hermann Zapf. Die durchgängige Umstellung vom Buchdruck auf das Offsetverfahren konnte sich erst dann vollziehen, als der Offsetdruck die Vorgängertechnik in Qualität und Leistungskraft übertrumpft hatte.

v.l.n.r.: Henne (Henchen) Gensfleisch (alias Henchin Gudenberg alias Johann Gutenberg).
(Abb.: Archiv Stadt Mainz)
Alois Senefelder, Erfinder der Lithografie (auch Steindruck genannt; Vorläufer des Flach- bzw. Offsetdrucks).
(Abb.: Internationale Senefelder-Stiftung, www.senefelderstiftung.com)
Ottmar Mergenthaler, Erfinder der mechanischen Setzmaschine
(Abb.: Heidelberger Druckmaschinen AG)

Mit dem Erfolg des Offsetdrucks und seiner steigenden Produktivität entstand die Notwendigkeit, die Aufbereitung von Text und Bild zu beschleunigen, um Druckformen in kürzerer Zeit verfügbar zu machen. Über Jahrhunderte waren Satz und Bild-Reproduktion verfahrenstechnisch getrennte Disziplinen. Nun rückte die Integration zur Ganzseiten-Gestaltung in den Fokus. Versuche, die vorhandenen grafischen Techniken zu optimieren und zu erweitern, wurden überrollt vom Aufkommen des Personal Computing.
Bis der Desktop-PC das klassische Satzsystem komplett abgelöst hatte, brauchte es wieder nur rund zehn Jahre. Vier Firmen schafften den Umbruch in der Druckvorstufe: Adobe, Aldus, Apple und Linotype. Adobe war der Erfinder der geräteunabhängigen Seitenbeschreibungssprache Postscript, Aldus der Erfinder des ersten Satz- und Layout-Programms Pagemaker, Apple Computer der Erfinder des Macintosh mit seiner epochemachenden Bedienoberfläche, Linotype schließlich der Hersteller der Postscript-Belichtungssysteme zur Ganzseitenausgabe auf Film, später auch auf Druckplatten. Die Konzepte im Druckmaschinenbau profitierten von dieser Computerisierung und den neuen Abläufen: Direktbebilderungs-Technologien, Farb- und Maschinensteuerungs-Elektronik und der so genannte Digitaldruck zum Drucken von variablen Daten bilden eine neue Basis für die Geschäftsausweitung der Druckbranche.

Was hat sich seit Gutenbergs Erfindung wesentlich geändert?
Gutenberg selbst würde wohl sagen:
„Dem Druck mit beweglichen Lettern folgt der Druck mit beweglichen Daten."

Die Kehrseite für die Druckbranche: der Verlust der Monopolstellung

Das Desktop-Publishing hat durch die vollständige Digitalisierung der Druckform seit Mitte der 80er-Jahre einen gewaltigen Schub ausgelöst. Die Devise „Jeder sein eigener Gutenberg" weicht die über die Jahrhunderte eingenommene Monopolstellung der Druckbranche auf: Expertenwerkzeuge zum Digitalisieren und Ausgeben von Bildern und Texten wurden popularisiert und sind heute Discountware. Profiwerkzeuge unterscheiden sich technisch-funktionell kaum mehr von Consumer-Publishing-Tools, höchstens noch durch ihre Leistungstiefe und Produktivität. Die Digitalisierung der Kommunikation bekam zusätzliche Dynamik durch den rasanten Fortschritt des elektronischen Publizierens und der Vernetzung. HTML und das World Wide Web bildeten die Instrumente, um das Internet als weltumspannendes Netzwerk explosionsartig wachsen zu lassen. Informationen multimedial bereitzustellen, zu strukturieren, aufzufinden und in Sekundenbruchteilen zu versenden, kann durch jedermann an fast jedem Ort der Welt erfolgen. Drucken passt sich infolge Digitalisierung diesem Szenario an: „Distribute & Print" (Verteilen und Drucken) und „Print on Demand" (Drucken nach Bedarf) sind die dafür stehenden Schlüsselbegriffe.

Dr.-Ing. Rudolf Hell (Mitte), u.a. Erfinder des Hell-Schreibers (Fax), des Chromatographen (Scanners)
und der digitalen Satztechnik (aus elektronischem Speicher), hier bei seinem 90. Geburtstag in Kiel
(Abb.: Heidelberger Druckmaschinen AG)

IV. ZUKUNFT DRUCKBRANCHE: DRUCKEN ALLEINE REICHT NICHT MEHR

Es hat sich viel getan seit Gutenberg. Im Jahr 2005 hat die Branche mit schwerwiegenden Problemen zu kämpfen und steht vielleicht vor einer ihrer größten Herausforderungen. Sie muss sich profilieren in einer Zeit von Rezession und wachsendem Wettbewerb, von immer neuen technischen Innovationen und sich wandelnden Anforderungen. Kurz: Es gilt eine Krise zu meistern. Ein Patentrezept gib es nicht, aber eines wird immer deutlicher: Drucken alleine reicht angesichts des umfassenden Umbruchs nicht mehr zum wirtschaftlichen Überleben. Die Zukunft verlangt neue Geschäftsmodelle und Strategien.

Es waren in der Regel keine guten Neuigkeiten, die Vertreter der Druckindustrie nach dem Boomjahr 2000 zu hören bekamen. Die Umsätze fielen ab 2001. Ab Mitte 2003 erholte sich die Branche nur langsam von ihrem schlimmsten Stimmungstief seit 30 Jahren. Im Juli 2004 verkündete der Bundesverband Druck und Medien (bvdm), die Druckindustrie habe ihre konjunkturelle Talsohle überwunden. Von Optimismus kann jedoch noch längst keine Rede sein. Der bvdm weist darauf hin, dass der Weg aus der Krise langsam und mühsam sei. Schlechte Aussichten trüben auch den Blick ins Morgen. Laut einer Studie der Gesellschaft für Innovationsforschung und Beratung sowie der Uni Wuppertal zur Zukunft des Druckens werden einige Unternehmen das erste Jahrzehnt des neuen Jahrtausends nicht überleben. 30 Prozent der Druckereien verschwinden demnach bis 2007 vom Markt.

Grund für all diese Entwicklungen ist vor allem die anhaltend schwache Binnenkonjunktur. Insbesondere das nachlassende Geschäft der Verlage sowie die sinkenden Werbeausgaben haben zu massiven Umsatzeinbrüchen geführt. Hinzu kommen erschwerte Bedingungen durch eine globalisierte Ökonomie sowie immer kürzer werdende Innovationszyklen. All das hat einen wachsenden Wettbewerb zur Folge, der ruinöse Preiskämpfe und eine hohe Zahl an Konkursen nach sich zieht.

-- *Die Druckbranche: eine wesentliche Säule der Ökonomie*

Nach Angaben des statistischen Bundesamtes beschäftigen die momentan 12.400 überwiegend mittelständischen Druckunternehmen in Deutschland 2,8 Prozent der Angestellten im verarbeitenden Gewerbe. Aussagen zu den Umsätzen der Branche kann man bei der Behörde allerdings nicht treffen – obwohl sie nach Information- und Telekommunikation zu den größten Branchen weltweit zählt. Ein Vergleich: die vielbeachtete Autoindustrie erwirtschaftet mit dem Verkauf von Pkws weniger Umsatz als der Verpackungsdrucksektor alleine. Die Relevanz der Druckbranche mit ihren schätzungsweise 900 Milliarden Euro Umsatz im Jahr 2004 ist kaum zu unterschätzen – und trotzdem fehlt ihr ein klares Profil.

 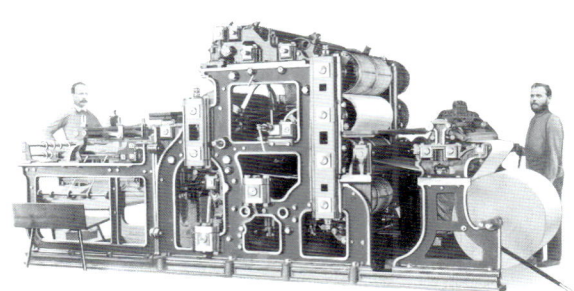

v.l.n.r.: Mit Dampfmaschinenkraft: Friedrich Koenigs Zylinderdruckmaschine (Doppelmaschine)
druckt 1814 zum ersten Mal die Londoner Tageszeitung „The Times".
(Abb.: Koenig & Bauer)
Sachsen und Sachsen-Anhalt historisch lange im Bereich Zeitungen vorn: Koenig & Bauer liefert 1876
die erste Rollenrotationsmaschine an die Magdeburger Zeitung.
(Abb.: Koenig & Bauer)

-- Drucksachen sind wertvoll

Bedeutend ist die Druckindustrie aber nicht nur aus wirtschaftlichen Gründen. Noch sind Bücher, Zeitungen und Zeitschriften die wichtigsten Informationsträger. Gedrucktes ist aus unserer Gesellschaft nach wie vor nicht wegzudenken, auch wenn es immer wieder gegenteilige Prognosen gibt. Nicht ohne Grund wird, wie schon eingangs erwähnt, heute mehr Papier produziert und bedruckt als jemals zuvor.
Drucken erlaubt den Menschen, Branchen und Organisationen mit unterschiedlichster Intention Wertschöpfung durch Kommunikation. Dazu kommen die einzigartige Optik, Haptik, und Transportabilität von Druckerzeugnissen. Zwar zeigen Umfragen, dass die Bedeutung von elektronischen Medien wächst. Gerade jüngere Menschen sehen im Internet und seinen Diensten eine herausragende Informationsquelle. Aber noch immer sind wir vor allem durch den Umgang mit Papier geprägt – ein Material, das zudem den Vorteil hat, einfache Schnittstellen zu besitzen.

-- Worin besteht der Wert einer Drucksache?

Denkt man über den Wert einer Drucksache nach so muss man fragen, worin dieser eigentlich besteht. Zumeist wird er an den Herstellungskosten und dem Kaufpreis festgemacht. Neue Wertschöpfungsmöglichkeiten in der Kommunikation mit Drucksachen zu identifizieren bedeutet jedoch zunächst, von diesem Denken abzurücken. Denn der Wert einer Drucksache besteht im Nutzen, den sie bringt. Und dieser Nutzen ist vielfältig und lässt jeden Menschen profitieren, ob privat oder beruflich. Gedruckt werden kann sogar für Blinde und für Analphabeten! Der Nutzen einer Drucksache wirkt zweifach: Sowohl der Herausgeber (Sender) als auch der Leser (Empfänger) kann von ihr profitieren. Allerdings funktionieren Drucksachen nicht nur als Einweggut zum Datentransfer, sondern sie bauen Beziehungen auf, sie stiften Dialogmöglichkeiten, sie ermöglichen Information und Kommunikation. Drucksachen können emotionalisieren – durch Haptik, durch Optik mit Bildern und Farben, durch die Ästhetik der Typografie, durch mehr Sinnlichkeit mit im Druck integrierten Geruchsstoffen und vieles andere.

-- Welchen Wert hat die Kommunikation mit Drucksachen?

Drucksachen sind durch die modernen Bebilderungs- und Produktionstechniken auf höchstem Qualitätsniveau angelangt. Was wir heute als Magazin für ein paar Euro am Kiosk erstehen, in der Bahn lesen und dann wegwerfen, hätten wir vor 10 oder 15 Jahren als Kleinod im Bücherregal verwahrt. Die widersprüchliche – aber zwangsläufige – Schlussfolgerung: Der Wert einer Drucksache schwindet mit der Steigerung der Herstellungsqualität. Es ist für jeden von uns so alltäglich, mit perfekt hergestellten Drucksachen konfrontiert zu werden, dass wir ihren Wert nicht mehr richtig einschätzen. Was aber würde geschehen, wenn wir Drucksachen aus unserem Leben verbannen würden? Sie würden uns fehlen wie das Wasser und die Luft.

Schon fast legendär: Der sog. Heidelberger Tiegel; er wurde erstmals 1926 am Fließband produziert.
(Abb.: Heidelberger Druckmaschinen AG)
Die erste drupa in Düsseldorf (1951): Wirtschaftsminister Ludwig Erhard lässt sich „den Tiegel" zeigen.
(Abb.: Heidelberger Druckmaschinen AG)

Der Wert einer Drucksache macht sich nicht mehr nur an der Qualität, sondern auch an ihrer Funktionalität und an ihrem Nutzen fest. Genau hieran müssen sich Wertschöpfungskonzeptionen orientieren. Gefragt ist Kreativität. So viel als Anregung: In der Lobby eines Hamburger Verlagshauses steht ein Lufthansa-Check-in-Terminal. Die Redakteure und Gäste können so direkt ihre Bordkarte ziehen, den Zeitvorteil nutzen und sicher gehen, auch bei knapper Anreise den Flieger nicht zu verpassen. Wie wäre es, wenn bei der Lufthansa am Flughafen ein Printout-Terminal stünde, das nach dem „On demand"-Prinzip aktuelle Stories des Hamburger Verlagshauses ausgibt wie ein Getränkeautomat? Der Fluggast würde einen Zeitvorteil gewinnen und quasi im Fluge exakt darüber informiert sein, was ihn persönlich brennend interessiert.
Der Wertschöpfung mit Drucksachen sind keine Grenzen gesetzt. Es braucht nur Kreativität. Die technologische Basis ist durch die Digitalisierung im Druck längst vorhanden.

Veränderungen als Chance nutzen

Vor der Umsetzung kreativer Ideen ist in erster Instanz ein Mentalitätswandel erforderlich: Schrumpfungsprozesse und Strukturwandel ziehen zwangsläufig eine Konsolidierung nach sich. Wer nach diesem Prozess auf der Gewinnerseite stehen will, muss den Wandel als Chance verstehen und muss die neuen Möglichkeiten erkennen.

Unternehmer und Experten gleichermaßen sehen die größten Wachstumsfelder bis 2007 in den Segmenten farbiger Digitaldruck, internetbasierte Dienstleistungen rund um die Kommunikation mit Drucksachen, Content-Management und Data-Warehousing bzw. Media-Logistik. Sie erwarten zwar einen Rückgang beim Einkauf klassischer Druckproduktionen. Gleichzeitig jedoch prognostizieren sie einen steigenden Bedarf im Bereich der Dienstleistungen, die sich an der Digitalisierung im Druck ausrichten.

Von der passiven Produktions- zur aktiven Dienstleistung

Genau dort muss der moderne Drucker ansetzen. Er darf sich nicht mehr nur als passiver Drucksachenproduzent verstehen, sondern muss die Metamorphose zum aktiven Dienstleister vollziehen. Die Unterschiede liegen auf der Hand: Das klassische Produktionsgeschäft mit der professionellen Herstellung von Drucksachen ist vom Auftraggeber gesteuert und von ihm abhängig. Wer etwas zu drucken hat, übergibt dies der eigenen Fachabteilung oder dem Fachbetrieb mit dem besten Angebot. „Kommunikation mit Drucksachen" geht jedoch über die „Produktion mit Drucksachen" hinaus. Sie kann sich ideal im Rahmen eines aktiven Dienstleistungsgeschäfts entwickeln: Es identifiziert Auftragspotenziale, die sich an der Effizienzsteigerung durch die Kommunikation mit Printmedien orientieren. Die steigende Wertschöpfung des Kunden finanziert die Dienstleistung. Schließlich kann Kreation, Produktion und Verteilung selbst, durch Dritte oder im Verbund erfolgen.

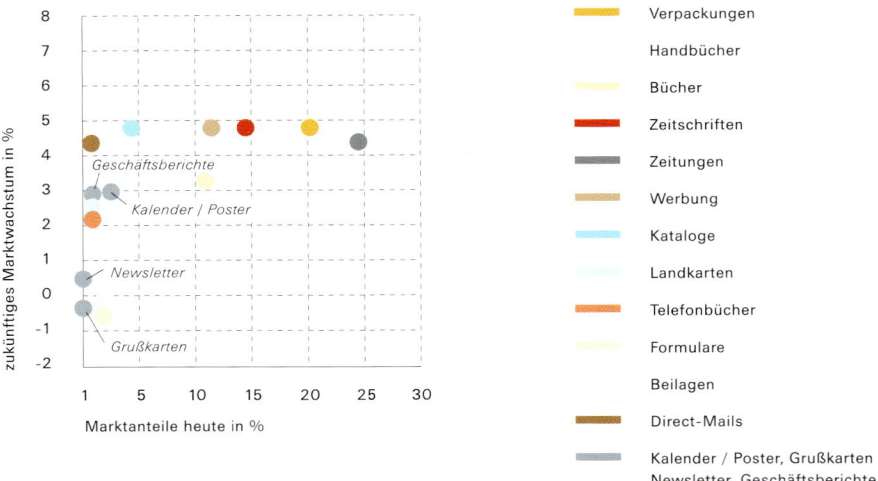

Abb. links und rechts:
Druckprodukte – aktuelle
Marktanteile und -potenziale
(Quelle: Print Media Monitor)

Besonders in der Werbung liegen enorme Potenziale für einen Druckdienstleister: Broschüren, Direktmailings, Mails, Beilagen, Geschäftsberichte, Kataloge, Flyer, Prospekte – die Optionen sind vielfältig. Über die effektive Vernetzung mit dem Kunden kann die crossmediale Druckerei nicht mehr nur drucken, sondern beispielsweise auch für diesen Text- und Bilddaten archivieren, aus vorhandenen Datenbestände andere Produkte wie etwa CD-Roms oder Internet-Redaktionsservices erstellen und vieles andere mehr. Bei der Arbeit mit variablen Daten profitiert das 1-to-1-Marketing, das von vielfältigen Individualisierungsmöglichkeiten, vor allem auch in der Weiterverarbeitung etwa durch Selective Binding oder sog. Huckepack-Techniken, profitiert. Verlage haben des Weiteren die Möglichkeit, sich im Print-on-Demand-Bereich zu profilieren, um speziellen Leserinteressen gerecht zu werden.

Mit anderen Worten: statt sich nur auf das Drucken selbst zu konzentrieren, ist es essentiell, die Möglichkeiten der neuen Medientechnologien und des Internets sinnvoll zu nutzen oder zu kombinieren, um die eigene Leistung zu vermarkten und neue Wertschöpfungsmodelle zu generieren.

Das Dilemma: Durch die Vernetzung der Wirtschaft und die Digitalisierung der Kommunikation wächst das Dienstleistungsgeschäft dynamisch, während das klassische Produktionsgeschäft stagniert oder sogar schrumpft. Trotzdem arbeiten über 98 Prozent der Druckereien nach wie vor als Produktionsbetriebe. Ein in der Wirtschaft durch Kosteneinsparungen, Effizienzdruck und Kundenorientierung wachsender Bedarf an zielgerichteten Kommunikationslösungen wird nicht gedeckt.

Trotz dieser momentan schlechten Bilanz: Langfristig gesehen wächst das Bewusstsein für die Kommunikation mit Drucksachen. Laut der bereits erwähnten Umfrage zur Zukunft des Druckens beabsichtigen 68 Prozent der Unternehmen, sich bis 2007 zum crossmedialen Dienstleister zu entwickeln, während sich lediglich 32 Prozent auf ihr Kerngeschäft Druck konzentrieren wollen.

Letzteres kann ebenfalls erfolgversprechend sein. Doch wer sich für dieses Geschäftsmodell entscheidet, muss auf Qualität statt auf Massenprodukte setzen. Zur Differenzierung bieten sich neben dem eigentlichen Druck Veredelungs- und Weiterverarbeitungsmöglichkeiten an. Auch hier gilt: Durch eine kontinuierliche Verbesserung von Produkten und Services können Gewinne gesichert werden. Entscheidend ist es, sich über ein individuelles Portfolio beim Kunden als Marke zu etablieren und so einen Weg aus den ruinösen Preiskämpfen zu finden.

-- *Durchdachte Geschäftsmodelle und sinnvolle Unternehmensstrategien*

Der Weg aus der Misere führt nicht nur über ein gewandeltes Selbstverständnis des Druckdienstleisters. Bei vielen tut es Not, die eigene Unternehmensstrategie zu überdenken.

Unabdingbar ist ein effektives Management, das sich nicht nur um die organisierte Verfolgung strategischer Ziele kümmert, um ein wirksames Funktionieren der Wertschöpfungskette oder aber die Mitarbeiterführung. Wirksame Unternehmensführung heißt vor allem, auf aktuelle Entwicklungen zu reagieren und die momentane Krise zur

Selbstbesinnung und strategischen Neuorientierung zu nutzen. Essenziell ist dabei ein systematisches Innovationsmanagement. Kreativität und visionäres Denken müssen gefördert, stetige Informationen über die neuesten Entwicklungen eingeholt werden. Besitz und Beherrschung von Technologien alleine können nicht mehr die Grundlage unternehmerischen Handelns sein. Eine reine Technikfixierung, wie sie in der Vergangenheit in der Branche häufig zu beobachten war, ist fatal. Es braucht ganzheitliche Lösungs- und Anwendungsszenarien, bei denen der Kunde in seinem makroökonomischen Feld mit all seinen Bedürfnissen niemals aus dem Blick verloren werden darf. Sinnvoll ist der verstärkte Rückgriff auf Optionen, die sich aus der digitalen Revolution ergeben haben: E-Business kann genutzt werden, um neue Produkte und Dienstleistungen anzubieten sowie Prozesse effizienter zu gestalten.

Schließlich ist Vernetzung in allen Bereichen gefordert. Neben der verstärkten innerbetrieblichen Verlinkung sowie der mit dem Kunden sind auch strategische Allianzen mit anderen Druckunternehmern angesichts der wirtschaftlichen Entwicklungen Optionen, über die ein Unternehmer verstärkt nachdenken sollte.

Die Druckbranche braucht ein Profil

Verschiedene Wege führen aus der Krise. Doch vor den Aufbruch ist ein Umdenken gesetzt. Drucker müssen ihre Kernkompetenzen erkennen und sich als Printmedien-Kommunikations-Dienstleister verstehen. Dabei geht es nicht um Wachstum, sondern um Optimierung und Intensivierung von Prozessen. Die Produktion muss flexibler, individueller und kundenintegrierter werden. Anders als bisher ist in Reaktion auf den massiven Konkurrenzdruck systematisches Management und Marketing ebenso wie die Bereitschaft zur Vernetzung mit dem Kunden sowie mit anderen Dienstleistern gefragt. Die technischen Voraussetzungen sind längst da. Die Branche ist stark innovationsgetrieben und hat mittlerweile enorme Möglichkeiten. Diese gilt es nun urbar zu machen, entsprechende umfassende Unternehmensstrategien zu entwickeln sowie verstärkt nach außen zu kommunizieren, was man alles leisten kann.

Ein Mentalitätswandel ist erforderlich. Das Resultat muss die Entwicklung eines bislang fehlenden Branchenprofils sein. Ein ökonomisch so bedeutender Sektor ist mehr als die Summe seiner Einzelteile. Die Druckindustrie muss endlich identifizierbar werden und sich klar positionieren.

(Detaillierte Ausführungen zu den Themen „Neupositionierung der Druckbranche" und „Print als Marke" liefert der Autor im zweiten Teil seines Beitrags: „Berliner Type 2004" (Teil II der vorliegenden Buchkombi), S. 16 ff.)

--Druck und mehr

HILFEN UND SERVICEANGEBOTE AUCH FÜR KUNDEN DER DRUCKINDUSTRIE

YVONNE FRENZ ist Pressesprecherin des
Bundesverbandes Druck und Medien e.V., Wiesbaden

SCHLAGWORTE
-- KONFLIKTE DURCH MEDIATION AUSSERGERICHTLICH LÖSEN
-- KUNDENBEZIEHUNGEN ALS WERT ERKENNEN UND WAHREN
-- KOMMUNIKATION ZWISCHEN DEN BETEILIGTEN SYSTEMATISIEREN
-- BRANCHENVERBINDLICHE PRODUKTIONSSTANDARDS SCHAFFEN
-- IMAGEVERBESSERUNG DURCH ZERTIFIZIERUNG

-- TRENDS

Dass der Bundesverband Druck und Medien (bvdm) – gemeinsam mit den zwölf Landesverbänden – seinen Mitgliedsunternehmen ein dichtes Beratungs- und Servicenetz bietet, ist bekannt. Dass von den umfangreichen Aktivitäten und Hilfestellungen des Verbandes aber nicht nur Druckereien und Mediendienstleister, sondern auch deren Kunden profitieren, hingegen weniger.

KOMMUNIKATIONSHILFE BEI STREITIGKEITEN:
BRANCHENLÖSUNG MEDIATION

So bietet beispielsweise die vom bvdm erst kürzlich eingerichtete „Mediationsstelle Druck und Medien" Mitgliedsunternehmen und deren Geschäftspartnern ab sofort die Möglichkeit, ihre Streitigkeiten im Wege der Wirtschaftsmediation beizulegen. Wirtschaftsmediation bietet Unternehmen die große Chance, ihre Konflikte außergerichtlich zu lösen: schnell, flexibel und zum Vorteil beider Geschäftspartner.

Dabei arbeitet die Mediationsstelle mit der Gesellschaft für Wirtschaftsmediation und Konfliktmanagement e.V. (gwmk) in München zusammen, die ausgebildete und unabhängige Mediatoren vermittelt. Ziel der Maßnahme ist, Mitgliedsunternehmen vor langwierigen und teuren gerichtlichen Streitigkeiten mit allen negativen Konsequenzen zu bewahren.

Mediation ist eine in den USA entwickelte Form außergerichtlicher Konfliktlösung, bei der ein neutraler Dritter, der Mediator, gemeinsam mit den Konfliktparteien eine einvernehmliche Lösung erarbeitet. Der Mediator besitzt dabei keine Entscheidungsgewalt. Anders als in den streitigen Verfahren vor Gericht, werden die Parteien bei der Mediation nicht der Entscheidung eines Richters oder Schiedsrichters unterworfen.

Der besondere Vorteil der Mediation liegt darin, dass die Kontrahenten eine gemeinsame Lösung herbeiführen, die beiden Seiten Vorteile bringt und keinen zum Verlierer abstempelt. Deshalb sind bei der Mediation die Aussichten besonders groß, bestehende Geschäftsbeziehungen zu schonen.

Warum die Mediation gerade in der Druck- und Medienindustrie hilfreich ist, liegt auf der Hand: Zum einen herrscht in der Branche eine starke Arbeitsteilung: Von der Medienvorstufe über den eigentlichen Druck bis hin zur Weiterverarbeitung und anderen Dienstleistungen wie Datenaufbereitung, Lagerhaltung und Versand.

Auch bringen sich immer mehr Beteiligte von außen in den professionellen Druckprozess ein: Der Kunde mit seiner Werbeabteilung, die Agentur, der selbstständige Fotograf und häufig auch Datenbankspezialisten und IT-Fachkräfte. Konflikte und die Streitfrage, wer welchen Fehler im Schadensfall zu verantworten hat, sind somit kaum zu vermeiden.

Zum anderen agieren Druck- und Medienunternehmen vorwiegend auf regionalen oder stark spezialisierten Märkten. Ihre Kunden- und Lieferantenbeziehungen zeichnen sich meist durch persönliche Kontakte aus, die in langen Jahren aufgebaut und gepflegt wurden. Einer stabilen und vertrauensvollen Kundenbeziehung kommt deshalb eine große Bedeutung zu.

Die als Branchenlösung verstandene „Mediation Druck und Medien" bietet sich somit als geeignetes Verfahren an, Konflikte und Streitigkeiten so beizulegen, dass alle Beteiligten auch in Zukunft vertrauensvoll und partnerschaftlich miteinander arbeiten können. Denn die über viele Jahre gewachsenen Geschäftsbeziehungen sind das größte Kapital einer Firma. Wenn die Kundenbeziehung durch einen Streit zerbricht, wird auch der vermeintliche Sieger zum Verlierer.

KOMMUNIKATIONSHILFEN FÜR DIE PRODUKTION

Die Qualität von Druckprodukten ist von zahlreichen Einflussgrößen abhängig. Es ist praxisüblich, Kundendaten als Ausgangsmaterial für die Herstellung möglichst hochwertiger Druckerzeugnisse zu verwenden. Die in der Produktion damit erreichten Resultate stimmen aber häufig nicht mit den Wünschen und Ansprüchen der Kunden überein. Immer wieder gibt es dann zwischen Kunde und Druckerei unterschiedliche Meinungen über die Qualität gelieferter Produkte, was die Beziehungen zum Kunden nachhaltig beeinflussen kann.

Hier kann nur die konsequente Orientierung an branchenverbindlichen, anerkannten Produktionsstandards Abhilfe schaffen. Der bvdm setzt sich deshalb seit jeher für Normierung und Standardisierung ein – so stimmt die Qualität und es kommt gar nicht erst zum Streit zwischen Druckdienstleister und Kunde.

STANDARDS

Anerkannte Standards tragen aber nachweislich nicht nur zur Qualität und Wirtschaftlichkeit der Druckproduktion bei, sie schaffen vielmehr auch Sicherheit für die beteiligten Partner und garantieren den reibungslosen Ablauf einzelner Stufen des Produktionsprozesses. Als wichtige Beispiele haben sich hier u.a. das sog. PDF/X-3-Format für die Datenübergabe, der MedienStandard Druck für die Handhabung von Farbe im Workflow sowie der umfassende ProzessStandard Offsetdruck in der Druckindustrie etabliert.

Diese Standards werden vom bvdm in Zusammenarbeit mit den Partnern ECI, Fogra/ugra, ifra für die Branche entwickelt. In der internationalen Normung für die Druckindustrie sind Experten aus den genannten Organisationen maßgeblich an der Ausarbeitung der Standards beteiligt und entwickeln diese kontinuierlich weiter. Die ISO-Standards, speziell die Serie ISO 12647 zur Prozesskontrolle der Druckverfahren und die Serie ISO 15930 (PDF/X Datenformat) sowie Standards zu Messtechnik, Kontrollmitteln und Materialien (z.B. Druckfarben) sind Grundlage der standardisierten Produktion.

Qualität, Sicherheit und Wirtschaftlichkeit in der Druckproduktion können vor allem dann gewährleistet werden, wenn diese gültigen Standards konsequent und regelrecht zur Anwendung kommen. Die Standards müssen deshalb mit den Kunden gründlich besprochen und vereinbart werden. Dazu dient speziell der vierundzwanzigseitige „MedienStandard Druck 2004", der den Betrieben als PDF zur Verfügung steht. Die Betriebe sind berechtigt, das Werk im Rahmen der Auftragsdurchführung und der Organisation ihres Workflows an ihre Geschäftspartner weiterzugeben.

KOMMUNIKATION

Für einen reibungslosen Ablauf der Produktion ist insbesondere die systematische Kommunikation aller am Produktionsprozess Beteiligten unverzichtbar. Dabei müssen auch die Entscheider (beim Kunden, bei der Agentur) im erforderlichen Umfang einbezogen werden. Eine Beratung und Abstimmung im Vorfeld der Produktion ist stets ratsam. Von besonderer Bedeutung sind dabei:

1. die exakte Leistungsbeschreibung (wer macht was, wer stellt was zur Verfügung, Termine),
2. die genaue Festlegung von Verantwortlichkeiten im Produktionsprozess,
3. die Definition des Zielmediums (Druckverfahren, Materialien) und
4. die Vereinbarung der verwendeten Kontrollmittel und Qualitätsstandards.

ZERTIFIZIERUNG

„Hochwertig, wirtschaftlich und termingerecht" ist das Diktat, das der Wettbewerb schreibt. Unternehmen, die diesen Wettbewerb auch in Zukunft gewinnen möchten, kommen an standardisierten Prozessen nicht vorbei. Standardisierung und Automatisierung sind die Schlüsselthemen, denen sich die Druck- und Mediendienstleister bei einer „Blick-nach-vorn"-Strategie stellen müssen.

Die Idee der Standardisierung und vor allem das Wissen um ihre Anwendung muss in die Praxis transportiert werden. Nur dann kann sich ihr Nutzen entfalten. Aus diesem Grund bietet der bvdm seinen Mitgliedsunternehmen seit knapp einem Jahr eine Zertifizierung an. Diese Zertifizierung ist eine Auszeichnung für Betriebe, die den standardisierten Prozess beherrschen.

Nur wer wirklich die internationalen Standards beherrscht ist in der Lage, normgerechte Qualität zu produzieren. Diese Erkenntnis setzt sich nicht nur zunehmend bei den Druckvorstufenbetrieben und Druckereien durch, sondern auch bei den Kunden der Druckindustrie.

So verlangen bereits heute viele Kunden, dass die Druckereien nicht nur nach ISO 12647-2 produzieren, sondern dies auch nachweisen können. Einige Unternehmen gehen sogar so weit, dass sie den Druckereien Fragebogen vor der Auftragserteilung über PSO zusenden, den eine Druckerei nur dann korrekt beantworten kann, wenn sie Detailkenntnisse über PSO hat.

Der Verband verspricht sich von diesem Angebot, dass es der Branche insgesamt eine höhere Aufmerksamkeit und ein besseres Image bringt, da insbesondere durch die Zertifizierung das Qualitätslevel auf breiter Basis angehoben wird.

Weiterführende Informationen erhalten Leser unter bvdm-online.de (Verband) bzw. www.point-online.de (Technik).

--*Interesse wecken, Emotionen auslösen*

TYPOGRAFIE IST MEHR ALS VERPACKUNG

BIRGIT LAUBE ist Inhaberin des Varus Verlages, Bonn

SCHLAGWORTE
-- DRUCKSCHRIFTEN UND TYPOGRAFIE GEHÖREN ZUSAMMEN
-- REGELN GEZIELT BEHERRSCHEN UND BRECHEN
-- TYPOGRAFIE MACHT QUALITÄT SICHTBAR
-- TYPOGRAFIE IN KULTURELLER VERANTWORTUNG
-- DIE PRAKTISCHE BEDEUTUNG STEIGT

-- TRENDS

Der Inhalt mag noch so gut sein: Ist die Verpackung nicht ansprechend, wird daraus leicht auf eine minderwertige oder langweilige „Füllung" geschlossen.

Dies gilt auch für Druckschriften. Nur, dass hier die Typografie – zumindest auf den ersten Blick – den redaktionellen Inhalt innen wie außen „verpackt". Typografie ist jedoch deutlich mehr als nur Verpackung. Sie umfasst mehr als das reine Beherrschen von Schrift als „Zeichensystem zur zwischenmenschlichen Kommunikation", mehr als die reine Kenntnis von Schriftklassen und -typologien und mehr als die Kenntnis der Vorgaben beim Schriftenmix.
Gute Typografie ist resultiertn auch nicht allein aus dem „sauberen" Umgang mit sonstigen typografischen Gestaltungsmitteln. Typografie wird vielmehr erst dann zu guter Typografie, wenn der Gestalter bei der Umsetzung das richtige Gespür für Lautwerden oder Sichzurücknehmen entwickelt (und anwendet). Gute Typografie ist somit Kriterium für die Qualität von Gestaltung insgesamt – es sei denn, eine Anwendung käme ohne Text aus. Sie wird deshalb zu Recht im Rahmen des Internationalen Druckschriftenwettbewerbs „Berliner Type" eigenständig bewertet.
Gründe genug für den Verlag und die gestaltende Agentur Strichpunkt, dieser wichtigen Disziplin im Rahmen der vorliegenden Dokumentation nicht nur einen eigenen redaktionellen Schwerpunkt, sondern auch eine entsprechende Gestaltung zu widmen.
Darüber hinaus ist die Bedeutung von Typografie unvermindert hoch – ja, sie nimmt sogar noch zu: Infolge unserer gesellschaftlich wie wirtschaftlich zunehmend globaleren Ausrichtung erhöhen sich die an Typografie gestellten Anforderungen sowohl (inter-)medial als auch (inter-)kulturell – und das beständig.

Ausgehend von einer – identischen und bewusst leicht provokanten – Eingangsthese beleuchten die nachfolgenden drei Beiträge ganz unterschiedliche Facetten der vielfältigen Erscheinungsformen, Einsatz- und Wirkungsmöglichkeiten von Typografie. Sie verdeutlichen, welchen (technischen) Anforderungen (Schrift-)Gestaltung heute unterliegt und welche Verantwortung dabei dem einzelnen Gestalter zukommt. Der vierte Beitrag hingegen zeigt auf, welche Bedeutung dabei der Anwendungsbereich Corporate Type einnimmt.

Wir wünschen unseren Leserinnen und Lesern zahlreiche Anregungen und viel Freude beim Lesen!

Birgit Laube
Verlegerin

--Dem permanten Wandel unterworfen

TYPOGRAFIE TRANSPORTIERT CHARAKTER, HANDSCHRIFT, HALTUNG UND KULTUR

MARKUS HANZER, 1955 in Wien geboren, hat auf der Hochschule für angewandte Kunst studiert. Er unterrichtet experimentelles Gestalten an der Fachhochschule in Salzburg und Typografie an der Universität für Angewandte Kunst in Wien.

Seit 1980 arbeitet Markus Hanzer für Fernsehsender wie SAT.1, ARD & Das Erste, ORF, Phoenix, Premiere, ZDF, ATV. Daneben hat er in Kommunikationsfragen Marken wie Allianz, Deutsche Bank, Red Bull, Bertelsmann, Telekom Austria und Verizon Wireless beraten. Neben allgemeinen Fragestellungen in der Markenkommunikation liegen seine Schwerpunkte in der Bewegtbildkommunikation in digitalen Medien sowie im interaktiven Fernsehen und in mobiler Kommunikation. Markus Hanzer betreibt ein Online-Museum zum Thema urbane Zeichensysteme, http://www.typemuseum.com

SCHLAGWORTE
-- **SCHRIFT ALS WAHRNEHMUNGSFILTER**
-- **AUSDRUCK VON WERTUNGEN UND EMOTIONEN**
-- **VON DER SCHRIFT ZUM SCHRIFTBILD**
-- **EIN STAKKATO DER ZEICHEN**
-- **UNIFORMITÄT CONTRA ZEITGEIST**
-- **DEMOKRATISIERUNG DER GESTALTUNG**
-- **TYPOGRAFISCHE GESPRÄCHE DES URBANEN RAUMS**
-- **VIRTUELLES TYPEMUSEUM**

-- TRENDS

These: „Typografie ist die Kunst, Drucksachen mittels Schriftzeichen, Linie, Flächen und Farben derart zu gestalten, dass der geschriebene Text eine optimale Lesbarkeit erreicht."

BERLINER TYPE: Herr Hanzer, würden Sie dieser Definition zustimmen? Was bedeutet für Sie Typografie?
Markus Hanzer: So wie in der direkten zwischenmenschlichen Kommunikation neben den gesprochenen Worten auch Aussprache, Stimmlage, Lautstärke, Betonung, Rhythmus und Sprechgeschwindigkeit sowie Gestik und Mimik eine entscheidende Rolle dabei spielen, wie wir eine Botschaft aufnehmen, so erweitert, verfeinert und differenziert Typografie das geschriebene Wort in seiner Aussage und Wirkung. Typografie erfüllt somit weit vielfältigere Aufgaben, als Texte „optimal lesbar" zu machen.
Typografische Gestaltung transportiert Charakter, Handschrift, Haltung, Kultur. Schrift wird zum Schriftbild – und so lassen sich mitunter die Intentionen eines Textes auch erfühlen, selbst wenn man die Sprache nicht versteht. Texte richten sich ja auch nicht immer an die Allgemeinheit. Es kann deshalb auch die Absicht einer Gestaltung sein, nur für eine kleine Gruppe von Eingeweihten lesbar zu bleiben.

BT: In welchem Zusammenhang stehen für Sie Typografie und Ästhetik?
Inwieweit gilt dies auch für Typografie und Design?
Markus Hanzer: Ästhetik steht für mich für sinnliche Qualität, wobei die Entscheidung über Qualität keinen objektiven, sondern subjektiven Kriterien folgt. Und selbst die subjektiven Entscheidungen sind einem permanenten Wandel unterworfen. Was mir heute als attraktiv begegnet, kann morgen bereits seine Anziehungskraft verloren haben. Wobei Form sich vom Inhalt meist nicht trennen lässt. Wenn ich es in bestimmten Zusammenhängen genieße, dass sich die Gestaltung zurücknimmt und ein Text möglichst ohne jeglichen „Beigeschmack" erscheint, kann in anderen Situationen gerade die Form eine vorrangige Rolle spielen, um Emotionen in mir anzusprechen. So wie bereits die Stimme eines geliebten Menschen berührt, auch wenn wir uns nur Belangloses erzählen, können wir auf bestimmte Gestaltungsformen in besonderer Weise reagieren, weil sie breite Assoziationsketten in uns hervorrufen.
Da zwischen den Menschen nicht nur Unterschiede sondern auch Gemeinsamkeiten bestehen, lässt sich die Wirkung typografischer Gestaltung, bei aller Subjektivität der Empfindungen, durchaus in einem gewissen Rahmen bestimmen – nicht im Sinne allgemein gültiger, immer währender Gesetzmäßigkeiten, sondern als über Massenmedien konstituierte, gegenwärtige und allgemein verbreitete Übereinkunft. Wir betrachten Typografie und Design somit immer durch einen Filter, der sich aus unseren allgemeinen Wertvorstellungen bildet. Der Zukunftsoptimist und Technikfetischist wird auf andere Gestaltungsformen ansprechen als der Traditionalist oder

der Naturfreund. Selbstverständlich können auch widersprüchliche Interessen unsere Wahrnehmung bestimmen. Wenn auch unsere Wahrnehmungsfilter sich ändern, so treten einzelne Schriften und Formen der Schriftanwendung gleichsam aus der Geschichte heraus und erfreuen uns in immer wieder neuen Anwendungszusammenhängen. Im Spannungsfeld zwischen „Zeitlosigkeit" und „modischer Form" entstehen immer wieder neue Konventionen, mit denen sich Wertungen und Emotionen – wie zum Beispiel billig oder luxuriös, modern oder traditionell, regional oder international, etc. – ausdrücken lassen.

BT: Inwieweit stehen Typografie und aktuelle Lebenswelt in einem Zusammenhang? Inwieweit bedingen sie einander?
Markus Hanzer: Unsere aktuelle Lebenswelt ist auf vielen Ebenen einem rasanten Wandel unterworfen. Das Papier verliert gegenüber anderen Medien zunehmend seine Vorrangstellung. Wir lesen immer mehr auf dem Computerbildschirm, auf dem Handy-Display, im urbanen Raum etc. Wir schreiben auch immer weniger mit der Hand, sondern mittels Tastaturen. Wir speichern und übertragen sehr häufig reinen Text, ohne „typografische Gestaltung". Während auf der einen Seite viele Informationen als reiner Datensatz zu uns gelangen und mittels selbst gewählter Voreinstellungen lesbar werden, gewinnt auf der anderen Seite die typografische Gestaltung als zusätzliche Informationsquelle zunehmend an Bedeutung.
Corporate Type – die Unternehmensschrift – ist eines von vielen Beispielen, wie Form hilft, damit wir uns im Informationsangebot zurechtfinden und einen raschen Überblick erhalten. Typografische Gestaltung wird jedoch nicht nur in der Marktkommunikation genutzt, um Aufsehen zu erregen – auch private Graffiti-Sprayer oder staatliche Ordnungshüter wollen sichtbar werden und fordern unsere Aufmerksamkeit.

BT: Gibt es Bereiche, in denen sich dies für Sie besonders augenfällig dokumentiert?
Markus Hanzer: Der Computer als Gestaltungswerkzeug hat das typografische Erscheinungsbild in allen Medien nachhaltig verändert. So sind viele spannende neue Gestaltungsmöglichkeiten entstanden, die vorderhand aber unter anderem auch zu einer hohen Uniformierung von typografischen Erscheinungsbildern führen. Damit meine ich nicht nur die Allgegenwart von Arial, Verdana oder Tahoma im Internet, sondern zum Beispiel auch die ewige Wiederkehr weniger Schriften wie Helvetica, Frutiger, Optima und Futura, obwohl der Fundus an digitalen Schriften beinahe unendlich ist. – Der Computer hat unter anderem aber auch zu einer Demokratisierung typografischer Gestaltung geführt. Professionelle Schriftanwendung unterscheidet sich von den alltäglichen Gestaltungsanwendungen nur in Details oder eben in seinem Einfallsreichtum, seiner innovativen Kraft.

BT: In welchem Zusammenhang stehen für Sie Typografie und Kommunikation im engeren Sinn?
Markus Hanzer: Schrift ist nach wie vor ein unverzichtbares Kommunikationsmittel in einer hochtechnisierten modernen Gesellschaft. Typografie ermöglicht eine gewaltige Bandbreite visueller Ausdrucksformen mittels

Schriftzeichen und macht eine effiziente Nutzung von Schrift in der Informationsgesellschaft erst möglich. Ohne die vielfältigen Konventionen der Schriftanwendung könnten wir heute nicht bereits aus dem Augenwinkel einen Artikel von einer Anzeige, eine Menükarte von einem Strafzettel, die Ankündigung eines Konzerts von dem einer Ausstellung, eine Butterpackung von einer Tafel Schokolade oder das Schild einer Bank von dem eines Restaurants unterscheiden.

An Sorgfalt und Liebe der Schriftgestaltung können wir erkennen, welche Haltung uns gegenüber eingenommen wird, welchen Wert wir für denjenigen besitzen, der uns hier „anschreibt". An der Vergänglichkeit der Zeichen erkennen wir, ob sie für den Augenblick oder für die Ewigkeit gesetzt wurden. An der Form der Zeichen können wir ablesen, welchem kulturellem Hintergrund sie entspringen. Wer im Stande ist, nicht nur Buchstaben zu lesen, sondern auch typografische Gestaltungsformen zu interpretieren, kann auf dieser formalen Ebene unendlich viel entschlüsseln.

BT: Gilt dies auch für den Zusammenhang zwischen Typografie und Werbung oder gelten hier Besonderheiten? Sollte Werbewirkung ein Erfolgskriterium für die Qualität von Typografie sein?

Markus Hanzer: Die bestechenden Möglichkeiten typografischer Gestaltung werden in werbender Kommunikation nur selten ausgereizt. Viele Menschen sind sicher auch froh, dass Werbung sich als solche zumeist lautstark und typografisch konventionell zu erkennen gibt und sich nicht als sublime Information in eine Reihe mit anderen wichtigen Botschaften stellt. Werbung ist im Umgang mit Schrift selten innovativ, anspruchsvoll, einfallsreich oder spannend, denn es sollen ja immer womöglich alle, wenn schon nicht erreicht, so wenigstens nicht verunsichert werden. Ausnahmen stechen dafür umso mehr heraus, im TV-Spot ebenso wie in der Anzeige, im Internet wie auf dem Plakat oder auf der Verpackung, am Point-of-Sale.

Es überrascht, dass gerade dort, wo Schrift zu differenzieren vermag, um gegenüber den Mitbewerbern einen deutlichen Unterschied zu markieren, auf diese Option sehr gerne verzichtet wird. Das Produkt selbst spricht in diesem Sinn oft eine deutlichere Sprache als die klassische Werbung. In dem Maße, in dem sich die allgemeinen Marktgespräche weg von der Werbung, hin zu Foren, Weblogs, Chatrooms, etc. verschieben, gewinnt auch die sichtbare Form eines Angebots selbst wieder höhere Bedeutung im Verhältnis zu seinem vermittelnden Werbeauftritt.

BT: Welchen Stellenwert nehmen dabei Piktogramme ein? Welche Bedeutung kommt hier Schildern zu?

Markus Hanzer: Wer in seiner Kommunikation Sprachgrenzen überschreiten will, für den empfiehlt sich durchaus ein intensiver, meist zusätzlicher Gebrauch von Bildsprachen. Schrift in ihrer gestalterischen Vielfalt besitzt selbst einen leistungsfähigen Bildcharakter.

Darüber hinaus zeigen sich Bildsprachen vor allem dann als effiziente Alternative oder Ergänzung zur phonetischen Schrift, wenn es nicht um die Darstellung linearer Zusammenhänge und komplexer Sachverhalte geht,

sondern wenn lediglich kurze Hinweise, Aufforderungen oder Verbote vermittelt werden sollen – Baustelle, Abflug, WC, Rauchverbot, Notausgang etc. Vor allem in der Interfacegestaltung von elektronischen Geräten und Computerprogrammen gewinnen Piktogramme zunehmend an Bedeutung.

BT: Sie haben vor einigen Jahren das „typemuseum" in Wien ins Leben gerufen.
Wie kamen Sie dazu? Welchen Zweck bzw. welches Anliegen verfolgen Sie damit?
Markus Hanzer: Das „typemuseum" verfolgt den gleichen Zweck wie fast alle Museen. Es konserviert einen bestimmten Zustand unserer Welt und macht diesen in einem abgegrenzten Rahmen nach bestimmten Ordnungskriterien einer Öffentlichkeit zugänglich. Das „typemuseum" wird von dem Wunsch getragen, die typografischen Gespräche des urbanen Raums ein wenig zu beleuchten, um sie nach erkennbaren Zusammenhängen zu durchforsten. Das typografische Erscheinungsbild der Städte unterliegt nicht nur einem rasanten Wandel, sondern hat einen Umfang angenommen, der eine solche museale Sammlung für viele interessant macht.
Die Internationalisierung des Handels und der Politik zeigt sein Gesicht auch im Wandel urbaner Schrift- und Zeichengestaltung. Noch ist es den internationalen Marken und Interessensgruppen nicht gelungen, die regionalen Kulturen und Konventionen gänzlich zum Verschwinden zu bringen. Noch existiert eine Vielfalt der Arten im Reich der Zeichen. Selbst Zeichen, die wir als international genormt glauben, zeigen bei genauerer Betrachtung erstaunliche Differenzen. Noch zeigen sich einzelne Regionen in einem je eigenen kulturellen Gesicht. Unterschiedlichste Gestaltungsebenen verknüpfen sich in einer lebendigen Kultur zu einem gemeinsamen visuellen Konzert. Die einzelnen Elemente fügen sich zu einem Identität stiftenden Bild zusammen. Textur und Farbe, Ornamentik, Materialität, Formensprache, Komposition, Dramaturgie, Erzählformen, Typografie, Zeichensprache ergeben ein wiedererkennbares Bild einer Kultur.
Spannend wie der Kampf der Kulturen ist auch der allgemeine Kampf um Aufmerksamkeit. In unseren Städten herrscht Krieg, nicht immer mit Bomben und Schusswaffen, sondern auch mit Zeichen. Wer darf den öffentlichen Raum mit welchen Botschaften besetzen? Wie und mit welcher Absicht in welchem Ton sprechen wir hier miteinander – mit Respekt, mit Verachtung, im Befehlston oder verführerisch? Was darf gesagt und was muss verschwiegen werden?
Die Stadt ist generell ein Ort der Gespräche, ein Ort, an dem Informationssuchende auf Informationen treffen. Die Sprache der urbanen Räume begegnet uns als ein Stakkato der Zeichen. Um sie zu verstehen, müssen wir sie nicht nur lesen, sondern auch interpretieren können. Wir treffen auf keinen ausformulierten Text, sondern vielmehr auf eine Ansammlung von Reizwörtern und Symbolen, deren Bedeutung sich oft nur dem „Eingeweihten" entschlüsselt. Die Zeichen der Stadt erschließen sich für jeden einzelnen in je eigenen Assoziationen. Das „typemuseum" erlaubt es seinen Besuchern, diese Gespräche aus einer gewissen Distanz zu verfolgen. Die ganze Wirkungsmacht typografischer Gestaltung lässt sich hier beobachten.

Herr Hanzer, wir danken für das Gespräch. (Das Interview führte Birgit Laube.)

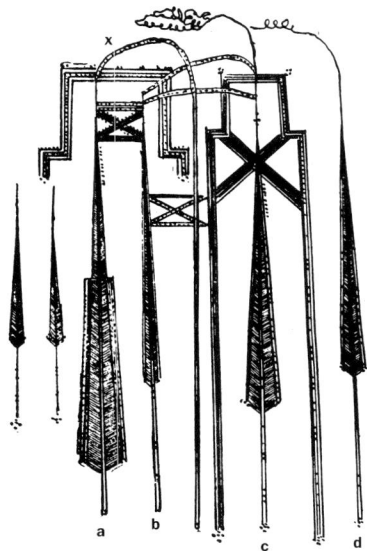

Yukaghir Love Letter. llustration after Shargorodskii, 1895.
(Mit freundlicher Genehmigung Thames & Hudson Ltd., London.)

DER „JUKAGIRISCHE LIEBESBRIEF"

Die abgebildete Illustration stellt ein bekanntes Beispiel für piktografische Kommunikation dar. Schargorodskij , ein russischer Anthropologe, der in Sibirien in der Verbannung gelebt hatte, veröffentlichte den sog. „jukagirischen Liebesbrief" 1895 im Exil.
Er entstand 1892 und wurde durch eine Frau erstellt, die dem kleinen und isoliert lebenden Volk der Jukagiren im Nordosten Sibiriens angehörte. Zur Erläuterung:

Die wie Nadelbäume aussehenden Formen stellen Menschen dar. Dabei ist „c" die Schreiberin und „b" der Empfänger. Dieser war einst Geliebter des Mädchens, hat nun aber „a" (eine Russin) geheiratet und lebt mit ihr in einem anderen Dorf. Dadurch wurde die Beziehung zwischen c und b zerstört (symbolisiert durch die Linie „x", die am Kopf der Russin entspringt und die b und c verbindende Linie durchtrennt). Aber die Ehe zwischen a und b ist stürmisch (zwei gekreuzte Linienbündel zwischen a und b). Auch die Schreiberin ist in ihrem Haus unglücklich und einsam (gekreuzte Linien im rechteckigen Rahmen, ihrem Haus). In Gedanken ist sie zwar immer noch bei ihrem Geliebten (gekräuselte Linie von c nach b), teilt aber gleichzeitig mit, dass sich ein junger Mann im Dorf („d") sich für sie interessiert (gekräuselte Linie von d nach c). Damit weiß der Empfänger: Wenn er auf die Botschaft reagieren will, muss er schnell handeln (d.h., solange sein neuer Hausstand noch nicht „komplett" ist – unvollständiger Rahmen – und er keine Kinder – die ganz links außerhalb stehenden zwei Formen – hat).

Anmerkung: Lange Zeit war umstritten, ob es sich bei derartigen Illustrationen um schriftliche Kommunikation oder um „Sprache" handelt. Heute weiß man, dass diese „Briefe" nie abgeschickt wurden, sondern die in ihnen enthaltenen Mitteilungen ausschließlich zur mündlichen Übertragung bestimmt waren. (Sie wurden von Mädchen mit Liebeskummer in Birkenrinde geschnitzt und gelangten über Dritte an den Adressaten. Auch waren in der Gegend derartige „Briefe" als Partyspiel sehr beliebt; dabei versuchten die anwesenden Jugendlichen, die sich ja untereinander gut kannten, die Bedeutung der Zeichen zu erraten.) Man wertet sie deshalb heute als sprachliche Kommunikation.

--Den gesamten Globus adressieren

TECHNISCHE INNOVATIONEN BIETEN KUNDENORIENTIERUNG OHNE KOMPROMISSE

BRUNO STEINERT, Jahrgang 1945, ist bleisatzerprobter, gegautschter Schriftsetzer mit Meisterprüfung. Er beschäftigt sich seit vielen Jahren an vorderster Front mit Publishing-Technologien, gehörte zu den Pionieren des Fotosatzes, war einer der ersten Mac-User und ist seit Jahren im Internet zu finden.

Nach Praxisjahren in der Schweiz kam Bruno Steinert 1973 zu Linotype und hat dort seither eine Vielzahl von Funktionen in Schulung, Support, Vertriebsunterstützung, Dokumentation und als Leiter Marketing und Produktplanung ausgeführt. Im Auftrag der Heidelberger Druckmaschinen AG gründete er 1996 die Linotype Library GmbH, die er seither als alleiniger Geschäftsführer leitet und kürzlich zur Linotype GmbH umbenannt hat.

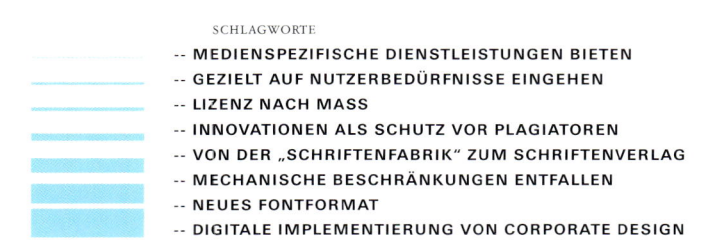

SCHLAGWORTE
-- **MEDIENSPEZIFISCHE DIENSTLEISTUNGEN BIETEN**
-- **GEZIELT AUF NUTZERBEDÜRFNISSE EINGEHEN**
-- **LIZENZ NACH MASS**
-- **INNOVATIONEN ALS SCHUTZ VOR PLAGIATOREN**
-- **VON DER „SCHRIFTENFABRIK" ZUM SCHRIFTENVERLAG**
-- **MECHANISCHE BESCHRÄNKUNGEN ENTFALLEN**
-- **NEUES FONTFORMAT**
-- **DIGITALE IMPLEMENTIERUNG VON CORPORATE DESIGN**

-- TRENDS

These: „Typografie ist die Kunst, Drucksachen mittels Schriftzeichen, Linie, Flächen und Farben derart zu gestalten, dass der geschriebene Text eine optimale Lesbarkeit erreicht."

BERLINER TYPE: Herr Steinert, würden Sie dieser Definition zustimmen? Was bedeutet für Sie Typografie?
Bruno Steinert: Typografie ist die visuelle Unterstützung einer textlichen Botschaft, die der Autor an den Leser vermitteln will. Typografie findet in allen Medien statt, die Text mit einsetzen, nicht nur in Drucksachen. Das gestalterische Umfeld der Schrift reicht neben Linien, Flächen und Farben heute viel weiter: es umfasst auch Fotos, Grafiken, Filme, Sound, Animation und 3D-Raumsimulationen. Dabei kann sie die Typografie voll der Funktion unterordnen und optimale Lesbarkeit anstreben, sie kann aber auch die gewünschte Aussage visuell oder emotional verstärken und sogar verändern. Das Wort „Fortschritt" in einer Fraktur gesetzt ist Ironie, der Fantasie sind in dieser Hinsicht kaum Grenzen gesetzt, selbst schlechte Lesbarkeit kann als Stilmittel eingesetzt werden.

BT: Hat sich Typografie angesichts der heutigen – überwiegend digitalen und schnelllebigen Medien – nicht überholt?
Bruno Steinert: Lesen kann ohne Typografie nicht stattfinden – solange das Lesen nicht überholt ist, ist auch die Typografie nicht überholt.

BT: Welchen – urheberrechtlichen und gestalterischen – Herausforderungen musste und muss sich Typografie in diesem Zusammenhang stellen?
Bruno Steinert: Die gestalterische Herausforderung liegt in der Diversifizierung der Medien und Zielgruppen. Einer der Megatrends unserer Zeit ist die Individualisierung in jeder Hinsicht. Kleinkinder wollen visuell anders angesprochen werden als Wissenschaftler, Hip-Hopper anders als Gothics, Ingenieure anders als Esoteriker. Die Reihe lässt sich beliebig fortsetzen. Die medienspezifischen technischen und gestalterischen Besonderheiten wollen ebenfalls verstanden und beherrscht sein. Die Spezialisierung der Gestalter auf bestimmte Zielgruppen und Medien ist die logische Folge.
Die urheberrechtlichen Herausforderungen sind dieselben wie eh und je, jede gute Arbeit wird nachgeahmt und kopiert. In der digitalen Welt geht das Kopieren, Modifizieren und Verbreiten allerdings einfacher und schneller als je zuvor. Dagegen schützt man sich am besten durch Innovation: immer wieder neue, bessere Ideen und Produkte, die den Dieben und Plagiatoren stets eine Nasenlänge voraus sind.

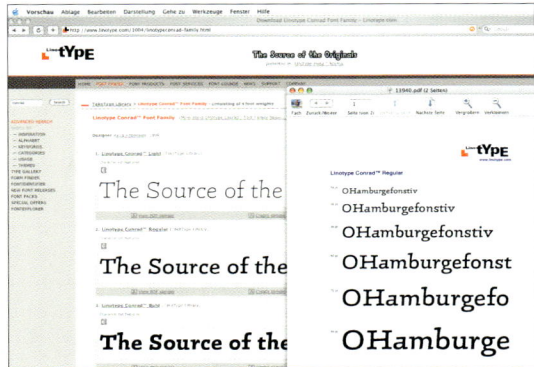
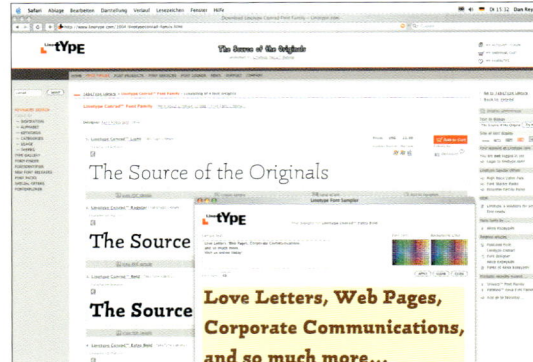

BT: Welche Auswirkungen hatte die stärkere Nutzung von Schriften durch digitale Medien auf Ihr Unternehmen?
Bruno Steinert: Unser Markt ist um ein vielfaches größer als je zuvor – er erstreckt sich jetzt auch auf allgemeine Konsumenten – und wächst weiter. Darüber hinaus sind wir über das Internet in der Lage, mit relativ geringem Aufwand den gesamten Weltmarkt erfolgreich zu adressieren.

BT: Wie haben Sie diese Herausforderungen gemeistert?
Bruno Steinert: Wir haben unser Businessmodell vollständig geändert und der neuen Situation angepasst. Von der „Schriftenfabrik" haben wir uns zu einem global operierenden, vollständig IT-orientierten Schriftenverlag hin entwickelt, dessen Kernkompetenz im Vertrieb virtueller, niedrigpreisiger Produkte liegt. Wir haben ein weltweites Netzwerk von Designern, Linguistikern, Technikspezialisten und Vertriebspartnern aufgebaut. Der geschäftliche Erfolg kann sich sehen lassen.

BT: Welche qualitativen und serviceorientierten Maßnahmen setzen Sie heute zur Kundenbindung ein?
Bruno Steinert: Die Abteilung Prozess- und Qualitätsmanagement ist der größte Bereich in unserem Unternehmen. Wir sind seit zwei Jahren zertifiziert nach ISO 9000:2000 und leben Total Quality Management in allen Abteilungen.
Dabei stehen der Kundennutzen und die Orientierung an den Kundenbedürfnissen immer im Vordergrund. Beispielsweise können Sie auf unserer Webseite alle Schriftmuster mit Ihrem eigenen Text versehen, verschiedene Größen auswählen und sogar online Texte in beliebigen Farben setzen. Dazu erhalten sie eine detaillierte Darstellung des im Font enthaltenen Zeichensatzes und für jede Schrift ein zweiseitiges, downloadbares PDF-Musterblatt zum Ausdrucken in hoher Auflösung. Darüber hinaus gibt es mehrere tausend Seiten Anwendungsbeispiele, Informationen über Designer und Historie, Anleitungen und Schriftvorschläge. Insgesamt die umfassendste Beratung, die jemals möglich war.
Mit dem neuen Fontexplorer X, der bereits eine riesige User-Gemeinde gewonnen hat, haben wir hinsichtlich Kundennutzen nochmals einen neuen Maßstab gesetzt. Dieses kostenlose Font-Management-Programm ist das Beste, was wir uns vorstellen konnten und beinhaltet einen integrierten Shop für Fonts. Es ist für Fonts das, was iTunes für Musik ist.

BT: Zum Thema „Qualität der Schriftschnitte": Geht es hier eher um optische Fragen – also beispielsweise die Frage, wie sich die gestochen scharfen Bleisatz-Schriftschnitte Ihrer „Mergenthaler Bibliothek" angesichts z.T. beschränkter Bildschirmauflösung bzw. Grafikkarten-Unterstützung „sauber" darstellen lassen? Welche Herausforderungen stellte (und stellt) der zunehmend digitale Einsatz von Schriften an die Schriftgestalter?
Bruno Steinert: Im Bleisatz gab es durch die mechanische Bearbeitung und das Buchdruckverfahren mit seinen Quetschrändern niemals die Möglichkeit, Buchstaben so perfekt und scharf abzubilden wie heute – eine ausreichende Abbildungsgröße und Auflösung vorausgesetzt.

*Com***pa**til [123$] (456£) *Com***pa**til [123$] (456£) *Com***pa**til [123$] (456£) *Com***pa**til [123$] (456£)	Compatil 1,234.56 Compatil 7,890.12 Compatil 3,456.78 Compatil 9,012.34 *Compatil* 5,678.90 *Compatil* 1,234.56 *Compatil* 7,890.12

Darüber hinaus gab es viele Einschränkungen. Das Schriftbild musste auf den Kegel passen, extreme Überhänge waren nicht möglich, Kerning war nur sehr eingeschränkt mit Säge und Feile machbar. Auf der Setzmaschine musste die Auszeichnungsschrift auf die gleiche Matrize passen wie die Grundschrift und somit in die gleiche Dickte eingepasst werden – bei fetten und kursiven Schnitten litt dabei öfters das Design.

Auch später, in den verschiedenen Fotosatz-Systemen der 70er- und 80er-Jahre, erzwang die Technik viele Kompromisse an das Schriftdesign. Lange Zeit gab es beispielsweise im so genannten 18-Einheiten-System nur 15 verschiedene Dicktenabstufungen.

Darüber hinaus bestand stets ein Bruch zwischen dem Entwurf des Gestalters auf Papier und der handwerklichen Umsetzung der Schrift durch die Schriftschneider, die ja in einer industriellen Umgebung unter Zeitdruck arbeiten mussten und nicht immer alle hochtalentierte, einfühlsame Künstler waren. Der Gestalter war demzufolge oftmals mit dem technischen Resultat nicht zufrieden.

In der modernen digitalen Welt sind alle diese Beschränkungen entfallen. Selbst extreme, über mehrere Zeilen ausholende kalligrafische Schwünge von Ober- und Unterlängen und variable, kontextabhängige Zeichenformen sind machbar. Unsere Zapfino Extra hat in dieser Hinsicht neue Maßstäbe gesetzt. Die Gestaltungsarbeit am PC erlaubt dem Schriftentwerfer zudem, seine Ideen selbst und unmittelbar exakt und verlustfrei umzusetzen. Allerdings muss sich der Gestalter dazu selbst mit der Technik auseinandersetzen und die entsprechenden Tools beherrschen.

BT: Warum und inwiefern stellt OpenType* hier eine neue innovative Plattform dar?

Bruno Steinert: Mit Plattform bezeichnet man gemeinhin eine Hardware-/Betriebssystem-Umgebung, auf der Anwendungssoftware ausgeführt wird. OpenType ist keine Plattform, sondern ein Fontformat.

OpenType ist plattformübergreifend, basiert auf Unicode und ermöglicht damit die eindeutige Erweiterung von Zeichensätzen auf nahezu alle gebräuchlichen Sprachen. Für die globale Kommunikation im Internet und den grenzüberschreitenden Datenaustausch ist dies von entscheidender Bedeutung. Daneben gibt es so genannte „typographic Features", die insbesondere bei den kalligrafisch orientierten, nichtlateinischen Schriftformen Standardlösungen ermöglichen, die bisher nur mit Spezialsoftware machbar waren. Als Beispiel haben wir gerade unsere arabische Schriftbibliothek durch OpenType erheblich verbessert und aufgewertet.

Für den westlichen Sprachraum gibt es die Möglichkeit, über diese Technologie schöne typografische Spielereien in Form von Ligaturen und kontextabhängigen Spezialformen zu implementieren. Die bereits erwähnte Zapfino Extra setzt auch in dieser Hinsicht den Maßstab für das grafisch und technisch Machbare. Leider werden aber diese Funktionen immer noch von nur sehr wenigen Anwendungsprogrammen unterstützt.

---

* OpenType® ist ein neues, plattformübergreifendes Format für Schriftartendateien, das von Adobe® und Microsoft® entwickelt wurde. (Fortsetzung s. Folgeseite)

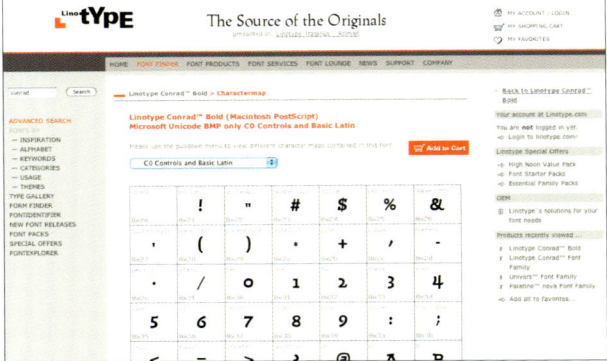

BT: Welche Optionen bietet es dem Nutzer bzw. inwieweit trägt es aktuellen Bedürfnissen der Kunden Rechnung?
Bruno Steinert: Die wesentlichen Kundenbedürfnisse in Hinsicht auf OpenType sehe ich im plattformübergreifenden Workflow und in der multilingualen Kommunikation. Die neue Technologie bedeutet hier einen großen Schritt nach vorne. Allerdings fehlt nach wie vor die breite Unterstützung des neuen Formates durch Anwendungssoftware; daher wird es wohl noch ein paar Jahre dauern, bis wir uns von TrueType und PostScript endgültig verabschieden können.

BT: Die technische Plattform ist die eine Seite – für Anwender wie für Anbieter. Welche Bedeutung haben sog. Corporate Types für Ihr Unternehmen und wo sehen Sie die zukünftigen Anwendungsbereiche?
Bruno Steinert: Den Begriff CorporateType haben wir vor einigen Jahren als erste geprägt. Wir verstehen darunter ein Paket von Dienstleistungen zur digitalen Implementierung eines Corporate Design.
Dabei geht es nicht unbedingt darum, für eine Firma eine neue Schrift zu entwickeln, nur um „anders" zu sein – obwohl wir das selbstverständlich gerne tun. Oftmals wird durch gewisse Anbieter dem Kunden Individualität dadurch vorgegaukelt, dass man an einer vorhandenen Schrift ein paar kleine Änderungen vornimmt, die dann sehr leicht als „Verschlimmbesserung" enden.
Ich denke, es gilt zunächst aus dem großen Fundus die Schrift zu finden, die das gewünschte Image, den Firmencharakter und die Unternehmenskultur optimal reflektiert und transportiert. Im nächsten Schritt bieten wir funktionale Ergänzungen wie Einbau von Spezialzeichen, Logos, Anpassung an bestimmte Anwendungen usw. Global agierende Unternehmen brauchen dann noch passende nichtlateinische Varianten – eine große Herausforderung, die nur durch aufwändige Harmonisierung zu lösen ist. Gerade im letzten Jahr haben wir im japanischen und arabischen Markt mit dieser Kompetenz einige schöne Erfolge erzielt.

---

* (Fortsetzung von Seite 33):
Die zwei größten Vorteile des OpenType-Formats liegen in seiner plattformübergreifenden Kompatibilität (eine Schriftartendatei funktioniert auf Macintosh®- ebenso wie auf Windows®-Computern) sowie die Tatsache, das OpenType stark erweiterte Zeichensätze und Layoutfunktionen ermöglicht.
Dies ermöglicht eine umfassendere Sprachunterstützung (insbesondere westlicher nichtlateinischer Sprachen), eine erweiterte und typografische Steuerung so genannter Nichtstandard-Glyphen wie z.B. Mediäval-Ziffern, echten Kapitälchen, Brüchen, Zierbuchstaben, hoch- und tiefgestellten Zeichen, Versalschriften und Ligaturen und eine komfortablere Schriftartenverwaltung samt Publishing-Workflow. (Infolge der Beschränkung der typischen westlichen PostScript®-Schriftarten auf 256 Glyphen musste hier der Nutzer bislang zwei oder mehr Stil-Schriftarten installieren und verwalten, um Zugriff auf einen so genannten „Expertenschriftsatz" zu haben oder diesen zu generieren.)

Love Love Love love **Love**
Love Love *Love* love Love
Love *Love* Love Love Love
Love *Love* Love **Love** Love
Love **Love** Love **Love**
Love Love *Love* Love Love

Schließlich schneidern wir dem Kunden eine Lizenz nach Maß – mit unseren eigenen Originalen haben wir keine rechtlichen Einschränkungen. Und – last but not least – wir betreuen den Kunden mit allen Service-Aspekten bis hin zu maßgeschneiderten Lösungen für die weltweite Distribution seiner Corporate-Design-Tools. Immer mehr Firmen entdecken, dass die konsequente Umsetzung ihres Corporate Design auf jedem PC im Unternehmen letztlich ein entscheidender Schritt hin zur Corporate Identity ist.

BT: Das gerade in der „Mergenthaler Edition" von Linotype erschienene Buch „A Word is Worth a Thousand Pictures" beschäftigt sich u.a. mit der Frage, welche Wandlung Worte in der Wahrnehmung erfahren, wenn die sie repräsentierenden Wörter – so genannte „four letter words", zur Unterstützung als Gegensatzpaare präsentiert – in unterschiedlichen Schrifttypen dargestellt werden. Was hat Ihr Haus zur Umsetzung dieser charmanten und ungewöhnlichen Idee inspiriert?
Bruno Steinert: Wir haben Spaß an Schrift und möchten dieses Erlebnis auch anderen vermitteln. Wer das Buch studiert, erlebt die vielfältigen Ausdrucksvarianten, die ein Wort durch die Schrift bekommen kann. Wir hoffen, auf diese Weise Lust auf Variation und Gestalten mit Schrift zu erwecken.

Herr Steinert, wir danken für das Gespräch.
(Das Interview führte Sven Wegerich, Wegerich Public Relations, Köln.)

--Einheit in der Einheit
CORPORATE TYPE ALS AUSDRUCK EINES GANZHEITLICHEN UNTERNEHMENSSTILS

JOSEPH PÖLZELBAUER (52), Grafiker und Designer, ist geschäftsführender Gesellschafter der identis designgruppe joseph pölzelbauer, Agentur für Branding und Corporate Identity in Freiburg. Seine Agentur wurde bereits mehrfach mit internationalen Preisen für innovatives Corporate Design ausgezeichnet.

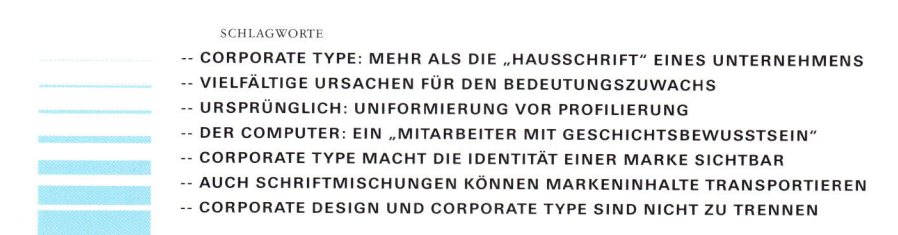

SCHLAGWORTE
-- CORPORATE TYPE: MEHR ALS DIE „HAUSSCHRIFT" EINES UNTERNEHMENS
-- VIELFÄLTIGE URSACHEN FÜR DEN BEDEUTUNGSZUWACHS
-- URSPRÜNGLICH: UNIFORMIERUNG VOR PROFILIERUNG
-- DER COMPUTER: EIN „MITARBEITER MIT GESCHICHTSBEWUSSTSEIN"
-- CORPORATE TYPE MACHT DIE IDENTITÄT EINER MARKE SICHTBAR
-- AUCH SCHRIFTMISCHUNGEN KÖNNEN MARKENINHALTE TRANSPORTIEREN
-- CORPORATE DESIGN UND CORPORATE TYPE SIND NICHT ZU TRENNEN

-- TRENDS

Corporate Type ist ein Begriff, der zunehmend Beachtung findet. Nicht etwa, weil ein modischer Anglizismus für etwas Bekanntes und Vertrautes stünde, sondern weil tatsächlich damit eine Dimension beschrieben wird, die deutlich über die herkömmliche „Hausschrift" eines Unternehmens hinausgeht. Wir sprechen also, wenn wir den Begriff Corporate Type verwenden, über das Ergebnis einer Entwicklung.

Diese Entwicklung besteht darin, dass sich die Voraussetzungen für Unternehmensschriften gravierend verändert haben. Das betrifft den rasanten technischen Fortschritt bei der Verfügbarkeit von Schriften, aber ebenso die Entwicklung des Corporate Designs an sich, eine Entwicklung, die nicht nur technisch, sondern mehr noch durch Reizüberflutung und Globalisierung motiviert ist. Als Ursache für den Bedeutungszuwachs von Corporate Type sind somit verschiedene Faktoren zu unterscheiden. Hinzu kommt, dass der technische Fortschritt die Situation auf der Anbieterseite ebenso verändert hat wie auf der Anwenderseite von Satzschriften. Wir finden also ein vielfältiges und stark differenziertes Szenario vor.

ENTWICKLUNGSLANDSCHAFT

Um diese „Entwicklungslandschaft" richtig zu erfassen, ist ein Blick in die Vergangenheit hilfreich. Die Hausschrift eines Unternehmens bedeutete ursprünglich nichts anderes als die Entscheidung für eine vorhandene Satzschrift. Hausschriften in diesem Sinn mag es schon immer gegeben haben. Doch das Bewusstsein für dieses Thema kam erst mit der Technik des Fotosatzes auf, als die Schriftenvielfalt explodierte und die Druckereien nicht mehr auf den Inhalt ihrer Setzkästen angewiesen waren. Man nutzte die neuen Möglichkeiten nur zögerlich, zumal Vielfalt nicht gleich Verfügbarkeit bedeutete. So kam es zu dem erstaunlichen Phänomen, dass beispielsweise die drei größten deutschen Chemiekonzerne ein und dieselbe Schrift als Hausschrift definierten: die Helvetica. Einer meiner Mitarbeiter hat damals in einem Referat vor den Kommunikations-Verantwortlichen der Hoechst AG auf dieses Defizit hingewiesen. Man antwortete mit der Begründung, dass die Helvetica weltweit verfügbar sei.
Der Pragmatismus der Helvetica-Ära steht für die „Steinzeit" des Corporate Designs. Damals rangierte Uniformierung vor Profilierung, von wenigen rühmlichen Ausnahmen abgesehen. Das Potenzial, das in der Schriftwahl für ein eigenständiges Erscheinungsbild liegt, wurde jedoch zunehmend erkannt. Dennoch mussten Grafik Designer ihre identitätsstiftenden Vorschläge für die Schriftwahl noch lange Zeit gegen technische oder ökonomische Widerstände verteidigen und begegneten nicht selten dem Vorwurf des Ästhetizismus. Doch die Zeit arbeitete für eine Sensibilisierung im Bereich des Corporate Designs. Dieser Prozess beschleunigte sich einerseits durch die technischen Möglichkeiten vor allem des Computers und andererseits durch die Notwendigkeit, im Kommunikationszeitalter wahrgenommen zu werden.

WIRTSCHAFTLICHKEIT

Der Einfluss, den der technische Fortschritt auf die Entwicklung der Satzschriften genommen hat, kann nur als glücklich bezeichnet werden. Zwar ist der ästhetische Reiz des Handsatzes verloren gegangen. Zwar ist mit dem Beruf des Schriftsetzers eine typografische Kultur von der Bühne der Zeit abgetreten. Doch man braucht sich nur anzusehen, was gewonnen wurde. Eine Setzerei der 50er Jahre verfügte über nur 3 oder 4 abgenutzte Standardschriften, während Dutzende von „Zierschriften", meist dem handschriftlichen Duktus nachgebildet, in den Setzkästen verstaubten. Der Fotosatz brachte zunächst ein Ausufern der „Phantasieschriften", bis der Computer eine neue Vielfalt an wirklich funktionalen Gebrauchsschriften ermöglichte. Denn solche Schriftentwicklungen waren plötzlich wirtschaftlich. In diesem Sinn ist der Computer ein Mitarbeiter mit Geschichtsbewusstsein geworden, ein Kulturträger sogar.

Die Entwicklung der Schrift begleitet die Menschheitsgeschichte, während die Entwicklung der Druckschrift – oder genauer: der Satzschrift – nur einen kleinen Ausschnitt dieser Geschichte abbildet. Wir sehen es unseren Satzschriften heute noch an, dass die Erfindung des Buchdrucks in die Zeit des Humanismus fällt. Der Computer hat wesentlichen Anteil daran, dass diese gewachsene Substanz das heutige Angebot an Schriften bestimmt.

Wenn Corporate Design die Identität einer Marke sichtbar macht, dann hat die Entscheidung für eine Satzschrift daran wesentlichen Anteil, gerade bei den heutigen Möglichkeiten. Das individuelle Ausdruckspotenzial unserer Schriften wird sinnfällig auch in den europäischen Nachbarsprachen, in Begriffen wie „typefaces" oder „caratteri".

Die Hersteller von Satzschriften machen sich diesen Hintergrund zunutze und bieten den Unternehmen individuelle Zeichensätze als exklusive Hausschriften an, in die Sonderzeichen, Logos etc. eingearbeitet sind. So verführerisch diese Angebote erscheinen: Der Schriftenhersteller kann nicht den Corporate Designer ersetzen. Er kann allenfalls – und er sollte – mit ihm zusammenarbeiten.

Denn ein Corporate Design ist kein additives Instrumentarium, sondern ein integrierter Stil. Nur als solcher kann es die Markenwerte eines Unternehmens umfassend und durchgängig sichtbar machen. Die Wahl einer Satzschrift kann also nur aus einer ganzheitlichen Stilentwicklung heraus erfolgen. Dazu fehlt dem Schriftenhersteller naturgemäß die Entscheidungsgrundlage.

GANZHEITLICHE STILENTWICKLUNG

Ein Beispiel aus einem meiner aktuellen Projekte zeigt, dass auch Schriftmischungen geeignet sind, Markeninhalte zu transportieren. In diesem Fall deckt eine Headlineschrift die Aspekte Innovation und Zukunftsorientierung ab, eine Schrift für Mengentexte dagegen die Aspekte Emotionalität und Nähe. Die Kombination wird zu einer untrennbaren Einheit, die für eine facettenreiche Markenpersönlichkeit steht. Wesentlich ist jedoch, dass diese Einheit der Schriftkombination aufgeht in der größeren Einheit des visuellen Stils.
Unter den eingangs erwähnten Faktoren für die Bedeutung von Corporate Type bleibt noch die Anwenderseite zu erläutern. Ein Unternehmen als Träger eines Corporate Designs benutzt heute das Medium Schrift in viel umfassenderem Sinn als früher. Das liegt an der Entwicklung der Informationstechnologie, so dass man von Satzschriften eigentlich gar nicht mehr sprechen darf. Auch die Korrespondenzschrift, auch das maschinelle Ausfüllen von Formularen unterliegt heute dem Corporate Design.

Wenn wir davon sprechen, dass die Schrift die Sprache des Unternehmens sichtbar macht, und dass die Wahl der Satzschrift gleichsam ein individuelles Timbre wiedergibt, dann wird dieser Anspruch erst durch den heutigen Stand der technischen Entwicklung eingelöst. Denn die Technik ermöglicht es, dass alle schriftlichen Äußerungen eines Unternehmens „in gleicher Stimme" vorgetragen werden. Damit hat das Corporate Design eine noch stärkere Wirkung und einen noch höheren Stellenwert bekommen.
In diesem Sinn ist Corporate Type heute ein bedeutsamer – wenn wohl auch überflüssiger – Begriff: Denn die wichtige Funktion der Corporate Type geht vollkommen in Corporate Design auf.

–Sehen – erkennen – experimentieren

DER INNERE ANSPRUCH ALS MOTOR BEI DER GESTALTUNG

PROF. CHRISTINE WAGNER, Jahrgang 1962, lehrt seit Juli 1998 als Professorin für Schrift, Typografie und Projektarbeit im Fachbereich Design Informatik Medien an der Fachhochschule Wiesbaden.

1981 bis 1986 Studium Kommunikationsdesign im Fachbereich Gestaltung an der Fachhochschule Wiesbaden, Abschluss als Diplom-Designerin; 1986 Schriftdesignerin im Schriftenatelier der Firma Berthold AG, Taufkirchen; 1987 bis 1996 Designerin im Büro für visuelle Gestaltung SchwaigerWinschermann in München; seit 1997 Eigenes Büro für Konzeption und Gestaltung: Schwerpunkte Corporate-Design, Firmen-Kommunikation und Zeitschriftengestaltung; 1997 bis 1998 Lehrauftrag für Schrift und Typografie im Fachbereich Gestaltung an der Fachhochschule Wiesbaden, seit Juli 1998 Professur.

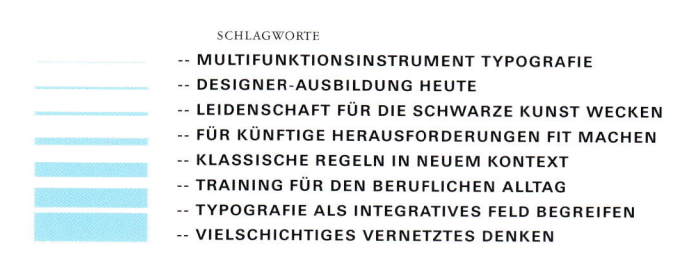

SCHLAGWORTE
-- **MULTIFUNKTIONSINSTRUMENT TYPOGRAFIE**
-- **DESIGNER-AUSBILDUNG HEUTE**
-- **LEIDENSCHAFT FÜR DIE SCHWARZE KUNST WECKEN**
-- **FÜR KÜNFTIGE HERAUSFORDERUNGEN FIT MACHEN**
-- **KLASSISCHE REGELN IN NEUEM KONTEXT**
-- **TRAINING FÜR DEN BERUFLICHEN ALLTAG**
-- **TYPOGRAFIE ALS INTEGRATIVES FELD BEGREIFEN**
-- **VIELSCHICHTIGES VERNETZTES DENKEN**

-- TRENDS

These: „Typografie ist die Kunst, Drucksachen mittels Schriftzeichen, Linie, Flächen und Farben derart zu gestalten, dass der geschriebene Text eine optimale Lesbarkeit erreicht."

Diese klassische Definition hatte sicher einmal ihre Berechtigung. Aber für die aktuelle Situation beschreibt sie weder das Einsatzgebiet abschließend – Typografie kommt heute auch im digitalen Bereich eine große Bedeutung zu – noch berücksichtigt sie alle funktionalen Optionen der Typografie im Gesamtspektrum der Visuellen Kommunikation.

So abenteuerlich es im ersten Moment scheinen mag: Vielleicht lässt sich der heute gültige erweiterte Begriff veranschaulichen, indem man das Zusammenspiel der Gestaltungselemente in einem Entwurf mit den Abläufen in einem lebendigen Körper vergleicht. Typografie wäre dann als flexibles „Wunderorgan" für vielfältigste Aufgaben einsetzbar. Sie kann das Herzstück der Gestaltung sein, von dem alle Impulse ausgehen oder aber das unauffällige Nervensystem, das die Hauptakteure durch ein funktionales Netzwerk miteinander verbindet und alles am Fließen hält. Ein Multifunktionstalent, leicht verfügbar, kostengünstig und strapazierfähig – die Mediziner wären glücklich, wenn es das in ihrem Bereich gäbe!

Fragt man jedoch angehende Designer nach den Gründen, warum sie sich für die entsprechende Studienrichtung Visuelle Kommunikation entschieden haben, kommt so gut wie nie ein Wort über Schrift oder Typografie. Bildhafte darstellerische Disziplinen wie Fotografie und Zeichnen oder die Aussicht auf technisch faszinierende Arbeitsprozesse oder eine Tätigkeit im mythenumrankten Berufsfeld „Medien" stehen da viel höher im Kurs. Das heißt: die Leidenschaft für die „schwarze Kunst" und das Bewusstsein für das Multifunktionsinstrument Typografie müssen erst geweckt und kultiviert werden.

„Ausgezeichnete" Typografie – wie u.a. in diesem Band versammelt – ist auf Dauer nur möglich, wenn es immer wieder gute Nachwuchsgestalter gibt. Dabei ist es schwierig zu sagen: Was ist gute Typografie heute? Welche Kriterien sollten in der Ausbildung gelehrt werden? Wohin wird die Entwicklung gehen und was werden die Maßstäbe von morgen sein?

KÜNFTIGE HERAUSFORDERUNGEN

Zukünftige Herausforderungen an die Gestalter innerhalb der Disziplin Typografie deuten sich bereits an – und für einige dieser Felder gibt es noch keine Lehrbücher: Zum Beispiel wird die interkulturelle Kommunikation im Zuge der Internationalisierung eine bedeutende Rolle spielen. Hier treffen unterschiedliche Schriftsysteme aufeinander und verschiedene Traditionen im Stilempfinden. Typografisch erfordert das viel Detailarbeit mit größter Sensibilität.

Studenten bei der Arbeit – ohne den Kosten- und Termindruck des Agenturalltags
(alle Abb.: Christine Wagner)

Ein zweiter Bereich, der typografisch noch lange nicht ausgeschöpft ist, liegt z.B. im Einsatz bewegter Typografie in der Event- und Raumgestaltung sowie beim Film. Für diese und andere Aufgabenfelder muss die nächste Gestaltergeneration „fit" gemacht werden.

Mit diesem Ziel vor Augen gibt es sicher viele Wege, die man einschlagen kann – und die alle ihre Berechtigung haben. Aber welche bewähren sich langfristig? Welche Maßstäbe sollen dabei gelten? Und welchen Stellenwert hat in diesem Zusammenhang die allseits geforderte „Praxisorientierung"?

PRAXISORIENTIERUNG = MITTELMASS?

Der Agenturalltag leidet schon immer unter chronischem Kosten- und Termindruck. Oft bleibt nicht viel Zeit für individuelle Experimente und den letzten gestalterischen Schliff. Hauptsache, der Entwurf ist mal wieder rechtzeitig draußen beim Kunden oder in der Produktion.

Wer als Gestalter mehr Qualität erreichen will, muss oft im eigenen Haus gegen Widerstände arbeiten. Nicht nur der Kunde, sondern auch kaum ein Vorgesetzter verlangt noch nach dem letzten typografischen i-Tüpfelchen oder würdigt es. Und vor allem: Niemand will gern den Aufwand dafür zahlen.

Dennoch wäre es verheerend, Praxisorientierung mit Pragmatismus gleichzusetzen. Mittelmäßigkeit wäre die Folge – und die besonderen Einzelleistungen, die den Gestaltern selbst sowie den Freunden guter Gestaltung so viel Freude machen und Anregungen bieten, blieben auf der Strecke.

Vor diesem Hintergrund bedeutet „Praxisorientierung" im Rahmen des Studiums vor allem, eine bestimmte Entwicklung zu fördern, hin zu individuellen Gestalterpersönlichkeiten mit einem eigenen Anspruch – einem inneren Anspruch, der auch unter härtesten Alltagsbedingungen nicht zu erschüttern ist.

Natürlich müssen auch viele praktische Fähigkeiten trainiert und Faktenwissen vermittelt werden, denn das erleichtert das Überleben in einem immer schärfer werdenden Markt. Aber mit Können und Wissen allein ist es nicht zu schaffen. Es geht vielmehr darum, Begeisterung und Leidenschaft zu wecken, und die Bereitschaft, ein Leben lang aus eigenem Antrieb immer Neues entwickeln zu wollen, Form und Qualität immer wieder in Frage zu stellen, nie wirklich fertig zu werden. Der italienische Architekt und Designer A. G. Fronzoni hat das sehr treffend formuliert: „Entwerfen ist kein Beruf, Entwerfen ist eine Existenzweise, eine Art, sich mit dem Leben in Beziehung zu setzen, eine Wahl, sich in bestimmter Weise zu verhalten."

Das klingt vielleicht etwas pathetisch und allgemeingültig – auf jede Sparte im Bereich Gestaltung anwendbar. Aber der grundsätzliche Anspruch im Hintergrund ist wichtig, um den Stellenwert und das Potenzial der Einzeldisziplin Typografie im Gesamtkontext bewerten zu können.

Sprechen wir also endlich über Typografie und – vielleicht etwas ketzerisch – gleich über ein heißes Eisen, das bei Fachtagungen regelmäßig das Typografen-Blut in Wallung bringt: Was ist mit den guten alten Regeln und Todsünden der „schwarzen Kunst", mit „Schusterjunge, Hurenkind und Zwiebelfisch"? – Begriffe aus der Welt des klassischen Schriftsetzers, mit deren Hilfe man bis vor kurzem noch im Schnelltest zwischen Insidern und Unwissenden sortieren konnte. Wer lächelnd nickte, gehörte dazu, wer nachfragen musste, konnte kein Typograf mit Leib und Seele sein.

Macht es heute immer noch Sinn, die Ausbildung junger Designer mit der Schreibfeder zu beginnen oder mit Übungen in der Bleisatzwerkstatt, das traditionelle Vokabular zu vermitteln und klassische Typo-Regeln zu lehren? Ist dieser Input im gestalteten Ergebnis überhaupt wahrnehmbar? Oder ist es eher eine Frage der Typografen-Ehre, sich mit dem Wissen aus Bleisetzerzeit noch auszukennen?
Auch mit kühlem Kopf und aus einer unromantischen Sichtweise heraus halten sich Pro und Contra in etwa die Waage. Vielleicht muss man einfach nur trennen zwischen sympathischem, aber relativ nutzlosem nostalgischem Beiwerk und zeitlosen Erkenntnissen und Gesetzmäßigkeiten, die ihre Gültigkeit ganz unabhängig von der jeweiligen Technik immer wieder neu beweisen. So schön sich das zünftige Stück Metall auch anfühlt; man braucht vielleicht nicht mehr unbedingt einen Winkelhaken in der Hand gespürt zu haben, um später qualitativ hochwertige Typografie zu produzieren. Und wenn man heutzutage nicht weiß, was ein „Zwiebelfisch" ist, kann dieser im Computersatz ohnehin keinen Schaden mehr anrichten.
Aber eine im Ergebnis angenehm lesbare Laufweite wird immer eine angenehm lesbare Laufweite bleiben, egal ob im Bleisatz, Fotosatz oder am Computer erzeugt. Regeln und Gesetzmäßigkeiten dieser Art, die man anhand einer Technik einmal erkannt und verstanden hat, kann man auch in einer anderen Stufe der Technik wieder nutzvoll einbringen. In diesem Sinne kann es sich durchaus lohnen, auch einmal zu den Werkzeugen einer vergangenen Epoche zurückzugehen, um bestimmte Phänomene leichter „begreifbar" zu machen.

SEHEN LERNEN

Für angehende Designer heißt der erste Schritt: Sehen lernen. Die gestalterischen Bausteine im Detail erforschen, Proportionen, Kurven, Strukturen und Grauwerten nachspüren. Die Liebe zum Detail geht in diesem Fall oft doch noch ganz traditionell über die Hand. Pinsel, Feder, Stifte, Schere und Papier, Kratzen, Knistern, Plätschern, der Geruch von Farbe, Kleber und Fixierbad bleiben ein Leben lang in Erinnerung – beim einen als sinnlichste Phase des Studiums, beim anderen als Schinderei – je nach handwerklichem Talent.
Die Erfahrung zeigt, dass diese Sensibilitätsschulung für Auge und Hand – natürlich parallel zu den ersten Mouseclicks – viel dazu beiträgt, später souveräne gestalterische Entscheidungen zu treffen.
Bezogen auf die Typografie geht es zunächst um die Auseinandersetzung mit den Schriften und ihren Einzelformen. So wie das Fach an sich für Nicht-Designer völlig rätselhaft klingt, ist auch vielen Anfängern nicht bewusst, dass jeder Buchstabe das Ergebnis eines Entwurfsprozesses darstellt, und dass auch ein einzelnes Zeichen bereits eine individuelle atmosphärische Ausstrahlung besitzt, die zur Wirkung eines Layouts beiträgt. Um entscheiden zu können, ob eine Schrift gestalterische Qualität hat oder nicht, braucht man schon einige Jahre Seherfahrung. Aber durch eigene handwerkliche Versuche entsteht zumindest ein grundsätzliches Verständnis für die innere Logik der Formen.
Aber ob man jetzt Befürworter oder Gegner dieses handwerklichen Ansatzes ist – seit der Umstrukturierung der Hochschullandschaft drängt sich ein ganz anderer Aspekt in den Vordergrund. Setzkasten und Tuschefeder stehen für ein Ausbildungsmodell, bei dem man sich noch intensiver auf Feinheiten einlassen konnte, weil die Dauer

des Studiums keine entscheidende Rolle spielte. Je kürzer aber die Studienprogramme konzipiert werden und je stärker man Studierende zu möglichst schnellen Abschlüssen drängt, umso schwerer fällt es, vonseiten der Lehre noch die nötige Sorgfalt zur Entwicklung gestalterischen Detailempfindens zu garantieren. Nur der eigene innere Qualitätsanspruch wird retten können, was aus Zeit- und Kostengründen zukünftig vielleicht unter den Tisch fallen muss.

Typografie lehren bedeutet unter Zeitdruck noch viel stärker: mit Liebe zur Typografie „zu infizieren". Und alle Fähigkeiten zu fördern, die echte Liebhaber und Liebhaberinnen ausmachen: Experimentierfreudig, authentisch, individuell, virtuos, souverän, sensibel und leidenschaftlich zu sein, typografische Zusammenhänge zu erkennen, Bewährtes anzuwenden, aber keine Klischees zu bedienen, an die Grenzen zu gehen und schließlich: Regeln gekonnt zu durchbrechen.

NETZWERK VON BEDINGUNGEN

Dabei ist es wichtig, diese „klassischen" Regeln nicht als Liste im Sinne eines Patentrezeptes zu begreifen, sondern als ein Netzwerk von Bedingungen, die ineinander greifen und sich gegenseitig beeinflussen lassen – wie die vielen Enden eines federleichten Mobiles. Will ich an einem Ende ziehen, muss ich ein anderes Ende beschweren, um wieder eine Balance herzustellen. Will ich zum Beispiel mit extrem langen Zeilen arbeiten, muss ich den Zeilenabstand erhöhen, um noch eine passable Lesbarkeit zu erreichen. Oder: will ich unbedingt eine Schrift verwenden, die keine lesefreundlichen Formen hat, kann ich durch Größe, Laufweite, Zeilenabstand und Spaltenbreite den bewusst eingekauften Nachteil abmildern.

Nach diesem Denkmodell heißt die wichtigste typografische Regel: „Wenn ..., dann ...". Sie drückt aus, dass ein ästhetisches Urteilsvermögen, unabhängig von Zeitströmungen, gepaart mit flexiblem Denken dazu befähigt, in immer neuen Kontexten selbstständig Entscheidungen zu treffen.

Diese Sichtweise beschränkt sich aber nicht nur auf die handwerkliche Sensibilität, die quasi zur Grundausstattung eines jeden Designers gehört. Sie lässt sich genauso anwenden auf stilistische Entscheidungen zu einem Entwurf.

In der Ausbildung beispielsweise ist man in der letzten Zeit ganz davon abgekommen, im Sinne strenger gestalterischer „Schulen" zu arbeiten. Als renommiertes Beispiel wäre hier u.a. die „Ulmer Schule" zu nennen, die mit ihrem sachlichen, ballastfreien Gestaltungsstil nach dem Zweiten Weltkrieg ohne Zweifel eine wohltuend bereinigende Mission im Designbereich erfüllte. Mit der Zeit wurden die Arbeiten von Gestaltern, die sich dieser Haltung verbunden fühlten, aber in gewisser Form berechenbar. Es ist eben eine Eigenart solcher Schulen, dass ihre Anhänger in der Regel einen gemeinsamen, markanten Stil pflegen, den man auf einen Blick erkennt – und den setzen sie im Extremfall auch schon einmal unabhängig vom Kommunikationsziel oder der Zielgruppe um. Als Gestalter-Individuum kann man sich zwar trotzdem für eine solche Grundhaltung entscheiden, wenn man sich persönlich damit identifiziert. Im Bereich der Ausbildung trägt man aber die große Verantwortung, als Multiplikator zu wirken – und in dieser Funktion erscheint es gefährlich, stilistische „Patentrezepte" auszugeben. Unerfahrene Gestalter verführt ein „unverkennbarer ausgeprägter „Schul-Stil" leicht zum bloßen Kopieren – und damit letztendlich zu einem Verlust an gestalterischer Vielfalt und Originalität. In diesem frühen Stadium lautet das vorrangige Ziel, die individuellen Fähigkeiten der Nachwuchsdesigner zu erkennen und optimal zu fördern. Realistischere Chancen im Hinblick auf die Entwicklung persönlichen Standvermögens und praxisnaher Fähigkeiten bietet das momentan in der Hochschullandschaft heiß diskutierte Modell des Projektstudiums, wie es beispielsweise an der Fachhochschule in Wiesbaden bereits seit langer Zeit praktiziert wird. Dabei ist das hauseigene Motto „den Bauch treffen, um in den Köpfen etwas zu bewegen" in diesem Zusammenhang ausnahmsweise einmal nach innen gerichtet zu verstehen ...

Gestaltung vor diesem Anspruch zu lehren heißt in vielen Fällen, nicht nur lediglich zu „zeigen, wie etwas geht", sondern Bedingungen zu schaffen und Fähigkeiten zu fördern, die bestimmte Entwicklungen quasi von selbst stattfinden lassen. Dazu werden reale Projekte mit Partnern aus der Wirtschaft und der Öffentlichkeit durchgeführt – unter den üblichen Auftragsbedingungen, d.h. mit konkretem Budget, festen Produktionsterminen und echten Verhandlungen mit echten Auftraggebern. Dazu kommen schonungslose Besprechungen mit den Dozenten und der Projektgruppe, die durchaus vergleichbar sind mit der Situation in einer typischen Agentur, wenn Projektteam und Creativdirector miteinander diskutieren. Solche Erfahrungen kann man nicht im Lehrbuch nachlesen.

KEINE ISOLIERTE BETRACHTUNG

An den Aufgabenstellungen in den Projekten kann man ablesen, dass sich die gestalterische Disziplin Typografie kaum isoliert betrachten lässt. Von Designerseite aus wird der typografische Anteil eines Entwurfs in der Regel nicht separat/für sich geplant. Er steht vielmehr immer im Zusammenspiel mit anderen gestalterischen Parametern wie Sprache, Bild, Farbe, usw., und das jeweils im Hinblick auf eine konkrete kommunikative Aufgabenstellung und ein bestimmtes Medium. Auftraggeber, Botschaft und Zielgruppe stehen bei der Wahl der gestalterischen Mittel im Vordergrund. Das kulturelle Umfeld liefert stilistisch den äußeren Rahmen, die persönliche Handschrift des Gestalters gibt den letzten Ausschlag. Wie lässt sich in dieser unübersichtlichen Gemengelage typografische Qualität definieren und vermitteln?

Im Kontext des Studienprogramms Kommunikationsdesign wird das Fach Typografie gegenüber Einzeldisziplinen wie Illustration oder Fotografie eher als integratives Feld genutzt, denn hier müssen ganz verschiedene Fähigkeiten zusammenfließen und unter Beweis gestellt werden, z.B. darstellerisches Können, strukturierendes Denken und Gespür für medien- und zielgruppenspezifische Aspekte.

Ein Beispiel: Die Festlegung des Satzspiegels und der Rastereinteilung zählt zwar zu den typografischen Grundentscheidungen, aber dabei müssen bereits alle anderen Gestaltungsaspekte des Gesamtkonzeptes mit bedacht werden, damit alle geplanten Text- und Bildebenen sich später darin optimal entfalten können. Oder die Auswahl der Schrift selbst – in den meisten Fällen keine unabhängige Formentscheidung, sondern sensible Reaktion auf die anderen Gestaltungselemente im Umfeld, die Adressaten und das Medium.

Denn jede Publikationsform hat ihre eigenen Gesetze. Ein Buch wird in der Regel linear erschlossen, eine multimediale Produktion hat dagegen vielschichtige Zugangsmöglichkeiten. Das Buch tritt in der Regel immer noch in Printform auf, das elektronische Medium wird am Bildschirm durchforstet. Die Nutzer haben Erfahrung damit und bewegen sich entsprechend medienspezifisch. Wenn eine Zeitschrift aussieht wie ein Buch und eine Website wie ein Geschäftsbericht, fällt die Orientierung auf den ersten Blick schwer – und die Aufmerksamkeit potenzieller Adressaten ist schnell verschenkt.

Neben der medienspezifischen Ausrichtung muss für die Typografie bei jedem Kommunikationsvorhaben ganz klar entschieden werden, welche Funktionsbereiche sie bedienen soll:
– Information: Texte möglichst schnell und leserfreundlich erfassbar machen
– Animation oder Identifikation: mit ihrer atmosphärischen Ausstrahlung Einstellungen oder Handlungen beeinflussen
– Illustration: nicht gelesen, sondern wie ein anderes Bild angeschaut werden.

Wenn diese komplizierten Zusammenhänge und Unterscheidungen klar sind, kann man im Sinne eines vielschichtig vernetzten Denkens folgende, sehr einfach klingende Qualitätsdefinition zur Typografie formulieren: Gute Typografie ist die, die an der richtigen Stelle ihre Aufgabe optimal erfüllt. Das kann im einen Fall heißen, sich komplett zurückzunehmen und als unauffälliger Informationstransporteur sauber seinen Dienst zu verrichten. An anderer Stelle heißt es vielleicht, entsprechend der sprachlichen „Steilvorlage" laut den Hals aufzureißen und alle Aufmerksamkeit auf sich zu ziehen. Und an dritter Stelle darf Typografie vielleicht auch einfach mal nur schön sein und das Herz echter Kenner erfreuen.

Beispiele aus der Grundlehre und aus dem Projektalltag: Intensive Auseinandersetzung mit der Formenwelt und handwerkliches Experimentieren fördern das Sehen und Erkennen am Anfang des Studiums. In der Projektarbeit fließen alle Fähigkeiten zusammen und ergänzen sich mit professioneller Praxiserfahrung.
(Abb.: Christine Wagner)

48 -- 49

AWARD

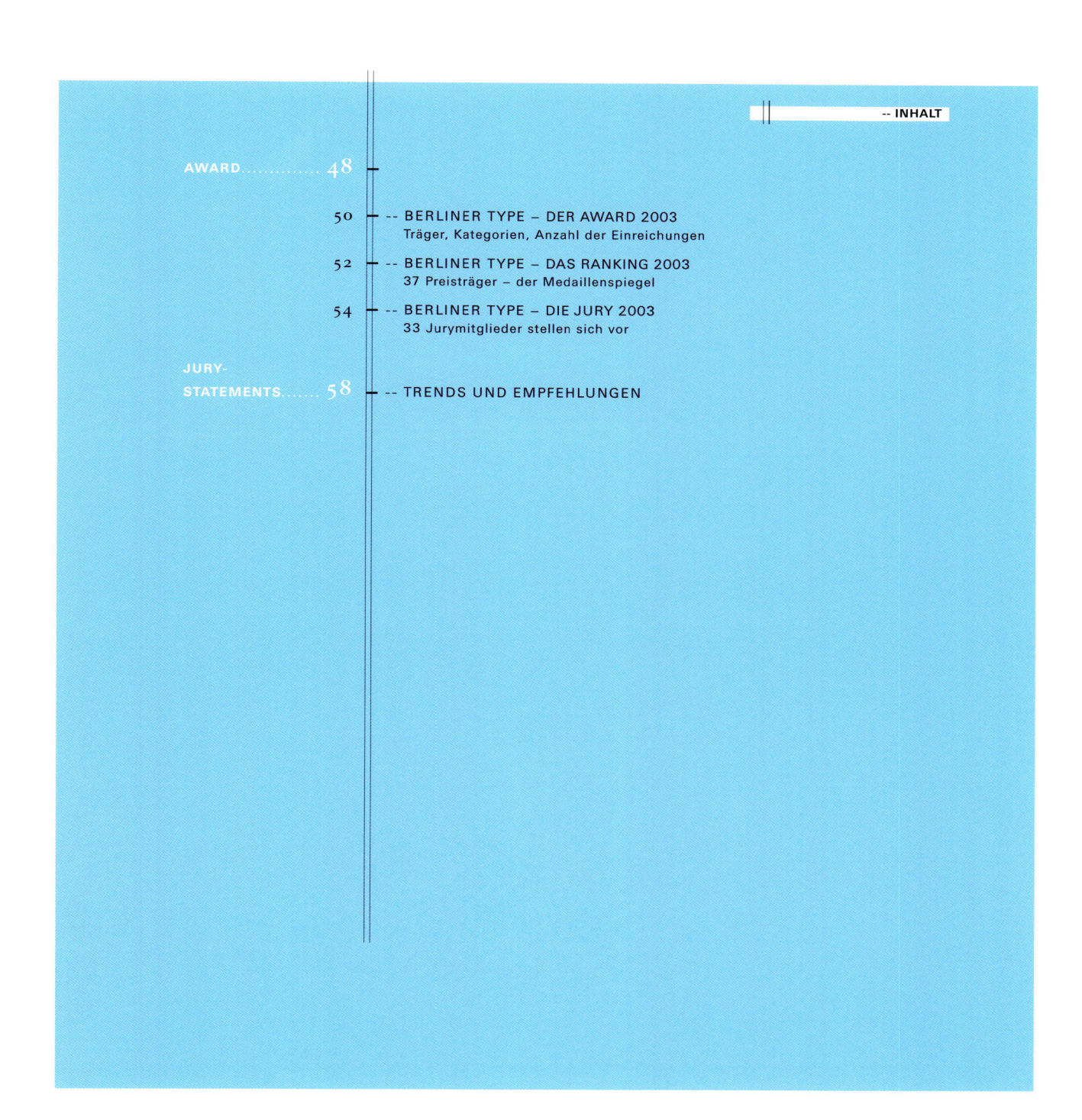

-- **INHALT**

AWARD............ 48

50 -- BERLINER TYPE – DER AWARD 2003
     Träger, Kategorien, Anzahl der Einreichungen

52 -- BERLINER TYPE – DAS RANKING 2003
     37 Preisträger – der Medaillenspiegel

54 -- BERLINER TYPE – DIE JURY 2003
     33 Jurymitglieder stellen sich vor

JURY-
STATEMENTS....... 58 -- TRENDS UND EMPFEHLUNGEN

--*Der Award*

TRÄGER, KATEGORIEN, ANZAHL DER EINREICHUNGEN

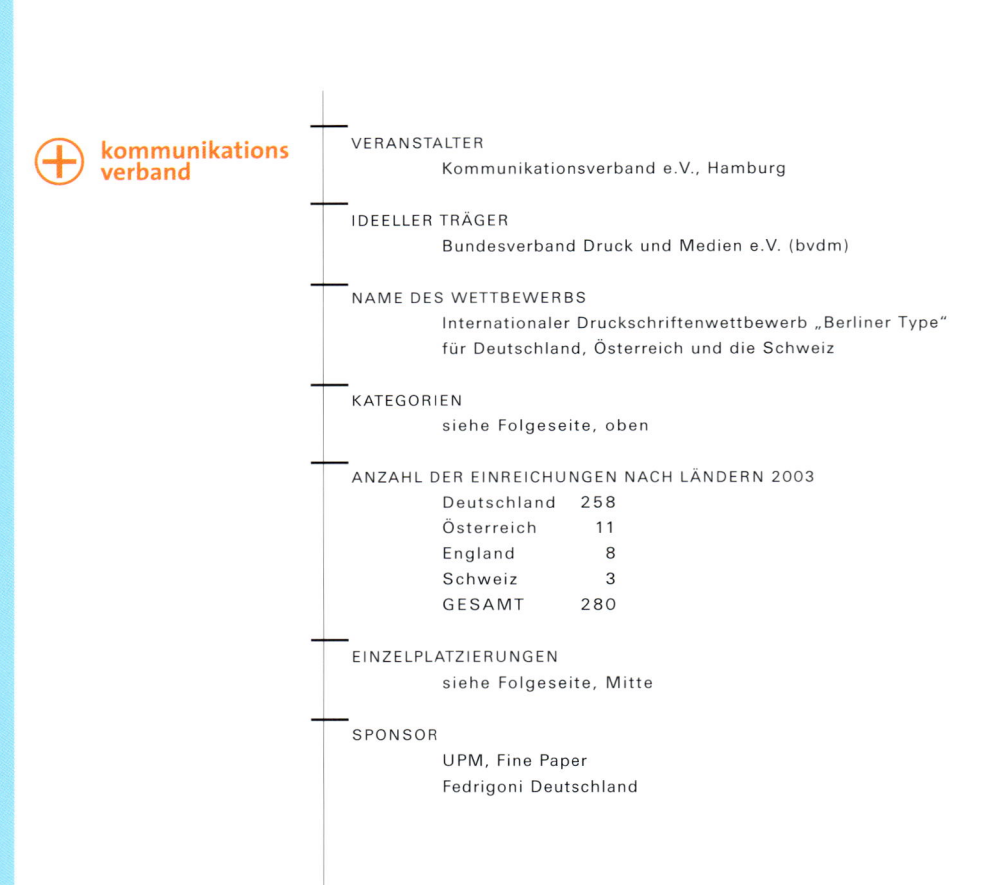

+ kommunikations verband

VERANSTALTER
   Kommunikationsverband e.V., Hamburg

IDEELLER TRÄGER
   Bundesverband Druck und Medien e.V. (bvdm)

NAME DES WETTBEWERBS
   Internationaler Druckschriftenwettbewerb „Berliner Type"
   für Deutschland, Österreich und die Schweiz

KATEGORIEN
   siehe Folgeseite, oben

ANZAHL DER EINREICHUNGEN NACH LÄNDERN 2003
   Deutschland   258
   Österreich   11
   England   8
   Schweiz   3
   GESAMT   280

EINZELPLATZIERUNGEN
   siehe Folgeseite, Mitte

SPONSOR
   UPM, Fine Paper
   Fedrigoni Deutschland

DIE KATEGORIEN

-- a) **PROSPEKTE -- BROSCHÜREN -- DOKUMENTATIONEN FÜR WERBUNG**
-- b) **PROSPEKTE -- BROSCHÜREN -- DOKUMENTATIONEN FÜR PUBLIC RELATIONS**
-- c) **PROSPEKTE -- BROSCHÜREN -- SALES FOLDER FÜR VERKAUFSFÖRDERUNG**
-- d) **KATALOGE FÜR WERBUNG -- VERKAUFSFÖRDERUNG**
-- e) **KUNDENZEITSCHRIFTEN**
-- f) **GESCHÄFTSBERICHTE -- UMWELTBERICHTE**
-- g) **MITARBEITERZEITUNGEN -- WERKZEITSCHRIFTEN UND -ZEITUNGEN**

-- DER AWARD

ZUSAMMENSETZUNG DER EINREICHUNGEN NACH KATEGORIEN UND PLATZIERUNGEN:

KATEGORIE	EINREICHUNGEN	AWARDS			
	2003	GOLD	SILBER	BRONZE	DIPLOME
a)	45		2	1	4
b)	55	2	2	1	10
c)	49		2	1	5
d)	27	1		1	6
e)	24	1		1	1
f)	71	2		1	5
g)	9			1	1
GESAMT	280	6	6	7	32

LAND	EINREICHUNGEN	AWARDS			
	2003	GOLD	SILBER	BRONZE	DIPLOME
D	258	6	6	6	29
A	11			1	
CH	3				
GB	8				3

--Das Ranking

MEDAILLENSPIEGEL BERLINER TYPE,
37 PREISTRÄGER

AGENTUR / EINREICHER	GOLD (5)*	SILBER (3)*	BRONZE (2)*	DIPLOM (1)*	GES.
strichpunkt agentur für visuelle kommunikation GmbH	3	1			18
TC GRUPPE GmbH Target Communications	1	1		1	9
Hoffmann und Campe Verlag GmbH	1				5
PHCC Peter Heßler Agentur f. Corporate Communication	1				5
Meiré und Meiré AG			2		4
Factor Design AG			1	2	4
Hesse Design GmbH		1			3
KW43 BRANDDESIGN		1			3
syzygy Deutschland GmbH		1			3
weigertpirouzwolf Werbeagentur GmbH		1			3
KMS Team GmbH			1	1	3
E-fact Limited				3	3
ade hauser lacour Kommunikationsgestaltung GmbH			1		2
Konzeption x Design GbR/Oliver Schrott Kommunikation GmbH			1		2
Montfort Financial GmbH/Crosscom Group			1		2
Klaus Wolowiec (für Rosenthal AG, s. Seite 118, 140)				2	2
Kuhn, Kammann & Kuhn AG				2	2
Ligalux GmbH				1	1
Mutabor Design GmbH				2	2
ABRESCH plus Werbeagentur GmbH				1	1
Art+Work=Werbeagentur GmbH				1	1
b+d gmbh Agentur für verkaufsfördernde Kommunikation				1	1
BJS Werbeagentur GmbH				1	1
Büro Hamburg JK. PW. Gesellschaft für Kommunikationsdesign GmbH				1	1
D,G,M Werbeagentur GmbH & Co. KG				1	1
häfelinger + wagner design gmbh				1	1
Hardy Lahn, Büro für Gestaltung (für Co-Produktion/4 Büros, s. S. 114)				1	1
Hochschule für Gestaltung Offenbach				1	1
in(corporate communication + design GmbH				1	1
kleiner und bold brand identity design GmbH				1	1
Leonardi.Wollein Visuelle Konzepte GbR				1	1
Maksimovic & Partners Agentur für Werbung und Design GmbH				1	1
Pollock Kommunikationsdesign				1	1
Raban Ruddigkeit, Berlin				1	1
Red Rabbit GmbH/P. Agentur für Markengestaltung				1	1
Universitätsdruckerei H. Schmidt GmbH				1	1
Werbung etc. Werbeagentur AG				1	1
GESAMT	6	6	7	32	94

* Anzahl der Punkte pro verliehenem Award

--Die Jury

33 JUROREN VERGABEN 19 MEDAILLEN UND 32 DIPLOME

CARSTEN BARTH
*-- Public Relations
   Konzeption und Text*

GE Deutschland

DR. SUSANNE VON BASSEWITZ
*-- Public Relations
   Konzeption und Text*

e.on AG

STEVE BRODNIK
-- Grafik-Design/Typografie

Lowe GGK

HANS BURKHARDT
*-- Reproduktion/Druck/
   Buchbinderische Weiterverarbeitung*

Buchbinderei Burkhardt AG

MICHAEL CREMER
*-- Verkaufsförderung
   Konzeption und Text*

Sparkasse Köln/Bonn

JÜRGEN ERLEBACH
-- Grafik-Design/Typografie

MERZ Werbeagentur GmbH

CHRISTOPH FEIN
-- Fotografie

Fotostudio Horster Mühle

HEINZ FISCHER
*-- Verkaufsförderung
   Konzeption und Text*

Pelikan Vertriebsgesellschaft

HEIDE HACKENBERG
*-- Werbung
   Konzeption und Text*

Allianz Deutscher Designer AGD

HANSPETER HECKEL
*-- Public Relations
   Konzeption und Text*

w & v

CHRISTINE HESSE
-- Grafik-Design/Typografie

Hesse Design GmbH

PETER HESSLER
-- Grafik-Design/Typografie

PHCC Peter Heßler Agentur für
Corporate Communication

KITTY KAHANE
--*Grafik-Design/Typografie*

Atelier Kitty Kahane

MARKUS KÖNIG
--*Public Relations
Konzeption und Text*

RAG Aktiengesellschaft

DIETER KREBS
--*Reproduktion/Druck/
Buchbinderische Weiterverarbeitung*

Unternehmensberater

KLAUS KUHN
--*Grafik-Design/Typografie*

Kuhn, Kammann & Kuhn AG

CHRISTIAN NEIDHART
--*Reproduktion/Druck/
Buchbinderische Weiterverarbeitung*

Neidhart + Schön Group AG

GÜNTER PFANNMÜLLER
--*Fotografie*

Studio Pfannmüller

GERHARD A. PFEFFER
--*Public Relations
Konzeption und Text*

Forum PR Beratung

ULRIKE PÖTSCHKE
--*Grafik-Design/Typografie*

EURO RSCG

BERND REHLING
--*Reproduktion/Druck/
Buchbinderische Weiterverarbeitung*

Rehling
Graphischer Betrieb GmbH

STEFAN RÖGENER
--*Grafik-Design/Typografie*

AdFinder GmbH

EDMUND RÜCK
--*Werbung
Konzeption und Text*

M-real
Business Papers Division

DIETER SCHULZE VAN LOON
-- Public Relations
 Konzeption und Text

Molthan van Loon

FRANK SCHUMACHER
-- Fotografie

Hochschule für Gestaltung Offenbach

PHILIPP STAMM
-- Grafik-Design/Typografie

FHBB Fachhochschule beider Basel
© Fotografie: Theo Scherrer, HGK Basel

TILL K. UHLE
-- Public Relations
 Konzeption und Text

Rosenthal AG

FRANZ-RUDOLF VOGL
-- Reproduktion/Druck/
 Buchbinderische Weiterverarbeitung

DIV Vogl GmbH

ULI WEBER
-- Werbung
 Konzeption und Text

Leonhardt & Kern,
Uli Weber Werbeagentur GmbH

URS WIEZEL
-- Werbung
 Konzeption und Text

S&W Werbeagentur BSW

DETLEF WILDERMUTH
-- Werbung
 Konzeption und Text

Wohlrath Wildermuth Werbeagentur

JÜRGEN WÖRNER
-- Public Relations
 Konzeption und Text

Mannheimer Versicherung AG

WERNER WYNISTORF
-- Verkaufsföderung
 Konzeption und Text

Trainer

DIETER ULLMANN

Bundesverband
Druck und Medien e.V.

JURY-STATEMENTS

TRENDS UND EMPFEHLUNGEN

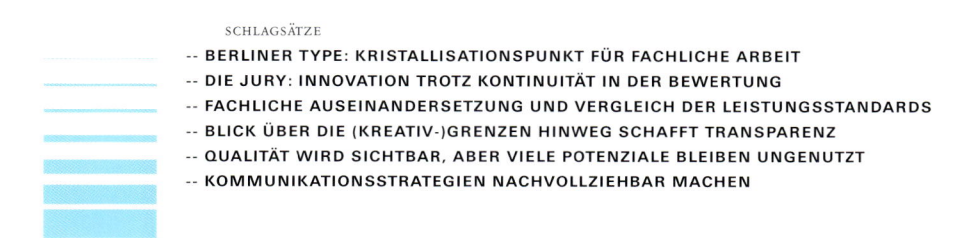

SCHLAGSÄTZE
-- BERLINER TYPE: KRISTALLISATIONSPUNKT FÜR FACHLICHE ARBEIT
-- DIE JURY: INNOVATION TROTZ KONTINUITÄT IN DER BEWERTUNG
-- FACHLICHE AUSEINANDERSETZUNG UND VERGLEICH DER LEISTUNGSSTANDARDS
-- BLICK ÜBER DIE (KREATIV-)GRENZEN HINWEG SCHAFFT TRANSPARENZ
-- QUALITÄT WIRD SICHTBAR, ABER VIELE POTENZIALE BLEIBEN UNGENUTZT
-- KOMMUNIKATIONSSTRATEGIEN NACHVOLLZIEHBAR MACHEN

-- JURY-STATEMENTS

STATEMENT DER GRUPPE REPRO / DRUCK --
Bernd Rehling

Wünschenswert wäre, dass die im Bereich Repro und Druck technisch vorhandenen Möglichkeiten auch vermehrt eingesetzt würden. Dies betrifft sowohl den Einsatz hochwertiger, dem Inhalt angepasste Materialien wie auch den heute technisch möglichen Einsatz neuer Farbräume und frequenzmodulierter Raster.
Leider ist jedoch insbesondere in diesem Bereich festzustellen, dass die hier liegenden Potenziale für eine Profilierung des Absenders weder erkannt noch genutzt werden, sondern eine Realisierung dieser – zugegeben anspruchsvollen – Elemente oft reinen Wirtschaftlichkeitsüberlegungen zum Opfer fällt.

STATEMENT DER GRUPPE BUCHBINDERISCHE VERARBEITUNG --
Franz Vogl / Hans Burkhardt

Allgemein: Die Anzahl der buchbinder-technisch ausgefallenen Produkte ist gegenüber früheren Jahren höher. Geschäftsberichte: Die Ausführung als Schweizer-Broschur liegt offenbar im Trend. Allerdings lässt die Farbzusammenstellung (Druck und Gewebe/Papier) oft zu wünschen übrig. Bei der Konzeption des Produktes sollten die buchbinderischen Möglichkeiten zur Gestaltung (inkl. Gewerbefarben) mit einbezogen werden.

STATEMENT DER GRUPPE VERKAUFSFÖRDERUNG --
Heinz Fischer

Die Jury wünscht sich mehr gut gemachte „einfache" VKF-Salesfolder, die sich Produkten und deren Vermarktung im Handel widmen, mit denen täglich Milliarden-Umsätze realisiert werden. Die beauftragen Agenturen sollten sich nicht scheuen, auch für vermeintlich profane Produkte professionell gestaltete Salesfolder einzureichen.

STATEMENT DER GRUPPE WERBUNG --
Klaus Kuhn

Die Schere von mittelmäßigen und sehr guten Lösungen klafft weiter auseinander. Bei vielen Arbeiten spürt man, dass das nötige Geld gefehlt hat, erstklassige Ansätze auch hochwertig zu Ende zu bringen. Die Wirtschaftskrise hinterlässt tiefe Spuren.
Deutliche Tendenzen zeigten sich in breiten bis extrem breiten Spaltenbreiten und der häufigen Anwendung der Modefarbe Orange. Die Benetton-Pullis lassen grüßen!
Die tollsten Wortschöpfungen waren: Pusismus, reduktionistisch und feinhörig.

STATEMENT DER GRUPPE PR --
Markus König

1. Geschäftsberichte

Das Niveau hat sich weiter verbessert. Dabei wird dem imageprofilierenden Teil zunehmend mehr Aufmerksamkeit geschenkt. Die Einreichungen der Preisträger sind hier beispielhaft.
Diese Situation ist in gewisser Weise „aus der Sache heraus" konsequent: Im Bereich Geschäftsberichte ist das Internet inzwischen zur komfortablen und zeitnahen Kommunikation der „harten" bilanziellen Fakten in der Zielgruppe fest etabliert. Ein gelungener gedruckter Bericht darf und muss deshalb hohe ästhetische, intellektuelle und drucktechnische sowie haptische Qualitäten aufweisen, um seine Existenzberechtigung zu behaupten.
Der gedruckte Geschäftsbericht wird damit immer mehr zum image- und visionstragenden Medium.
Es bleibt abzuwarten, wie sich dieses Instrument der Unternehmens- und Finanzkommunikation entwickeln wird: Sowohl hinsichtlich der Nutzung im medialen Konkurrenzumfeld als auch in der Folge der Einführung neuer Bilanzierungsstandards. Denn die neuen Regeln sollen mehr Transparenz und Übersichtlichkeit bewirken.

2. Kundenzeitschriften

Insgesamt wünschen wir uns hier mehr Einreichungen. Wir wollen nicht glauben, dass dieser Bereich stagniert. So reüssiert zum Beispiel der BCP-Wettbewerb (Best of Corporate Publishing) durchaus auch in diesen schwierigen Zeiten.
Bei den für den Wettbewerb 2003 eingereichten Arbeiten ist wenig Innovatives zu sehen. Der insbesondere von den Anbietern dieser Publikationen prognostizierte Trend scheint somit vorerst ausgeblieben. Kein Wunder bei einem generellen Überangebot an klassischen Print-Titeln?

3. Mitarbeiterzeitschriften

Die Entscheidung der Jury, in diesem Bereich lediglich „Bronze" zu vergeben, sagt alles zu diesem Thema. Auch hier ist wenig Neues erlebbar – und das Wenige, was der Jury zur Beurteilung vorgelegt wurde, wurzelt offenbar tief in Konzepten der 80er-Jahre.

Überhaupt, das Thema „Konzepte": Auffällig ist, dass die Einreicher wenig über die Kommunikationsstrategie rund um das Mitarbeiter-Medium zum Besten geben. Ist eine Mitarbeiterzeitschrift „nice to have" oder doch „a need to have"? Wird sie gelesen und vor allem auch akzeptiert? Hier wären mehr Informationen seitens der Einreicher wünschenswert.

4. Prospekte, Broschüren

Die Qualität der Einreichungen bewegt sich auf einem konstanten Niveau. Lächerlichkeiten früherer Jahre (z.B. Postkarten) treten nur noch vereinzelt auf. Deutlich zu erkennen ist nunmehr das Bemühen der Agenturen und Unternehmen, Konzept, Layout und Tonalität adäquat und stringent auf die jeweilige Zielgruppe auszurichten. Damit scheint der Gedanke der Marktsegmentierung akzeptiert und angewendet.

EMPFEHLUNG DER JURY AN DIE EINREICHER --

Die reine Druckschrift reicht als Grundlage für eine Bewertung nicht aus. Die Jury benötigt vielmehr zusätzliche Informationen über Ziele und Zielgruppen, Distributionskanäle etc. zur Entscheidungsfindung.
Hauptleistung der Jurybewertung ist nicht die Auszeichnung der Besten, sondern die (aufgrund der heterogenen Zusammensetzung der Jury relativ) objektive Bewertung jeder Druckschrift im Wettbewerbsumfeld.
In diesem Zusammenhang noch ein Hinweis zum Beurteilungspunkt „Text": Die Jury setzt gewisse Standards an Textqualität einfach voraus. Insofern könnte – zumindest bei Einreichungen im Rahmen der Gruppe PR – diskutiert werden, ob dieser Bewertungsaspekt nicht gestrichen werden sollte.

GOLD SILBER BRONZE DIPLOM
g s b d

62 -- 63

KAMPAGNEN

DIE KATEGORIEN
- **-- GOLD**
- **-- SILBER**
- **-- BRONZE**
- **-- DIPLOM**

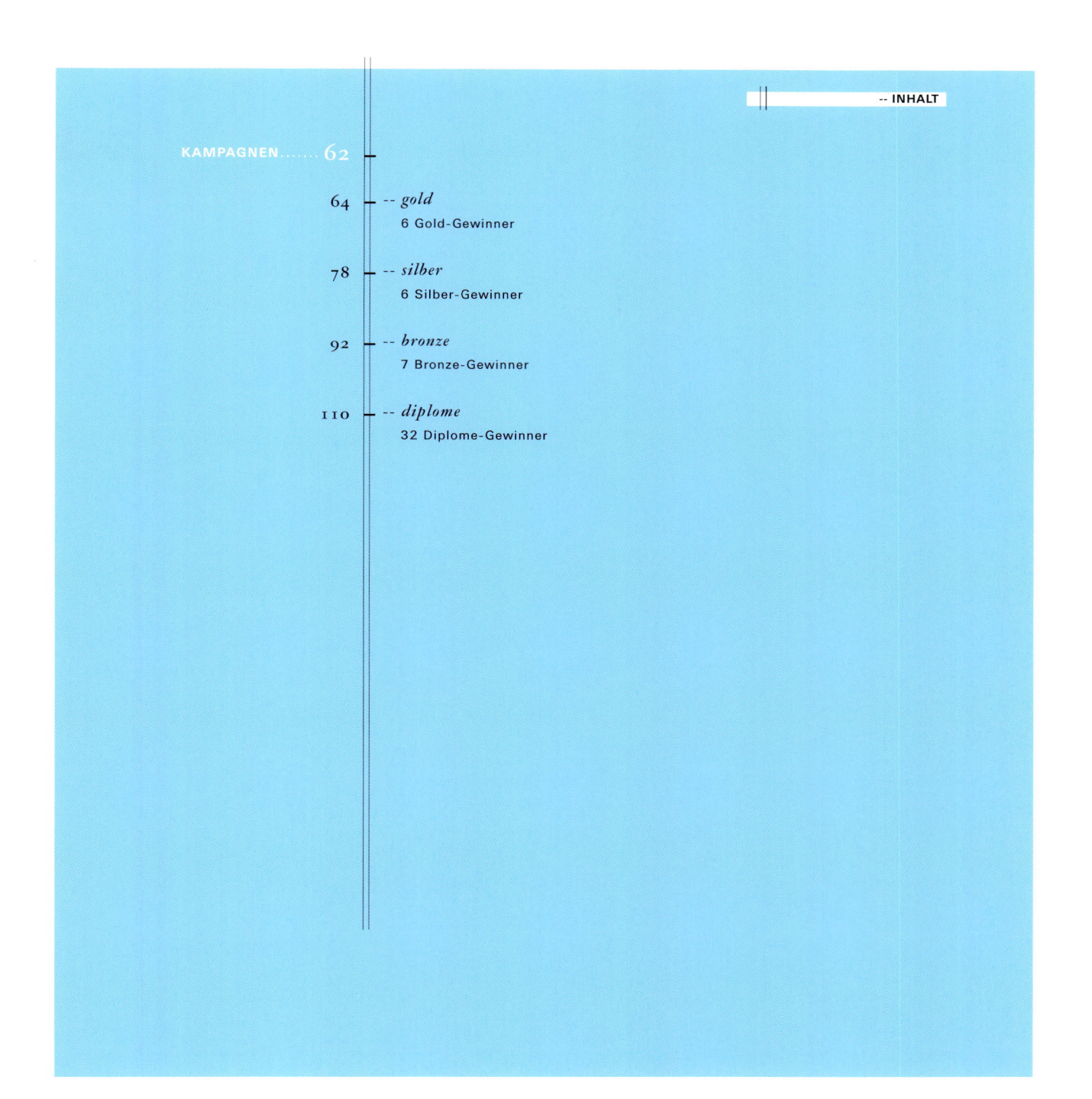

-- **INHALT**

KAMPAGNEN....... 62

64 -- *gold*
    6 Gold-Gewinner

78 -- *silber*
    6 Silber-Gewinner

92 -- *bronze*
    7 Bronze-Gewinner

110 -- *diplome*
    32 Diplome-Gewinner

GOLD SILBER BRONZE DIPLOM

g

gold

DIE KATEGORIEN
0 X -- PROSPEKTE -- BROSCHÜREN -- DOKUMENTATIONEN FÜR WERBUNG
2 X -- PROSPEKTE -- BROSCHÜREN -- DOKUMENTATIONEN FÜR PUBLIC RELATIONS
0 X -- PROSPEKTE -- BROSCHÜREN -- SALES FOLDER FÜR VERKAUFSFÖRDERUNG
1 X -- KATALOGE FÜR WERBUNG -- VERKAUFSFÖRDERUNG
1 X -- KUNDENZEITSCHRIFTEN
2 X -- GESCHÄFTSBERICHTE -- UMWELTBERICHTE
0 X -- MITARBEITERZEITUNGEN -- WERKZEITSCHRIFTEN UND -ZEITUNGEN

-- DIE GEWINNER

STRICHPUNKT AGENTUR FÜR VISUELLE KOMMUNIKATION GMBH
-- Jubiläumsschrift USU AG

HOFFMANN UND CAMPE VERLAG GMBH
-- „agenda edition no. 1, Wasser – Annäherung an ein Element",

PHCC PETER HESSLER AGENTUR FÜR CORPORATE COMMUNICATION
-- „Darwin Inseln" von Bengt Fosshag, Das Scheufelen Skizzenbuch

TC GRUPPE GMBH TARGET COMMUNICATIONS
-- Maybach Moments 01 & Maybach Moments 02

STRICHPUNKT AGENTUR FÜR VISUELLE KOMMUNIKATION GMBH
-- was ist – Geschäftsbericht 2002 der schlott gruppe Aktiengesellschaft

STRICHPUNKT AGENTUR FÜR VISUELLE KOMMUNIKATION GMBH
-- Shopping Bag – Geschäftsbericht 2002 der 4mbo AG

GOLD　SILBER　BRONZE　DIPLOM

g

66 -- 67

KATEGORIE -- PROSPEKTE -- BROSCHÜREN -- DOKUMENTATIONEN FÜR PUBLIC RELATIONS

TITEL --	AUFTRAGGEBER --		AGENTUR --				ZIELGRUPPE --
EINFACH ANDERS: 25 JAHRE USU	Vorsitzender des Aufsichtsrates Vorstands- vorsitzender Marketingleiter	USU AG *Udo Strehl* *Bernhard Oberschmidt* *Dr. Gerhard Keim*	√strichpunkt GmbH Konzeption/CD AD Grafikdesign/ Typografie Text	*Jochen Rädeker* *Kirsten Dietz* *Tanja Günther* *Raimund Vollmer, Reutlingen*	Herstellung Druck	*strichpunkt drucktuell, Gerlingen*	Kunden, Partner, Freunde der USU AG

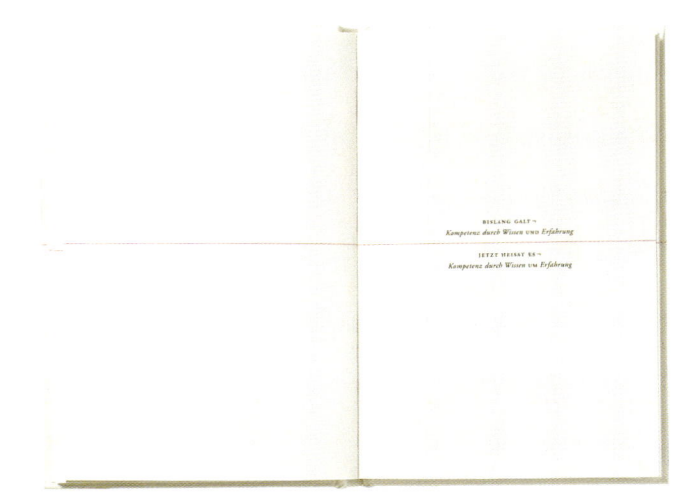

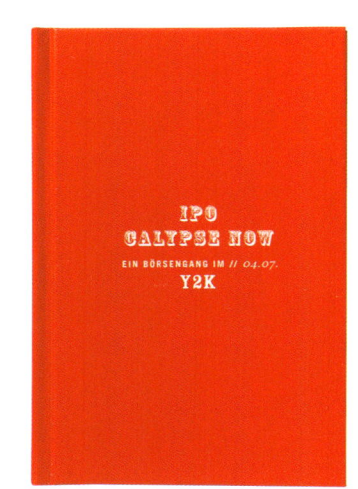

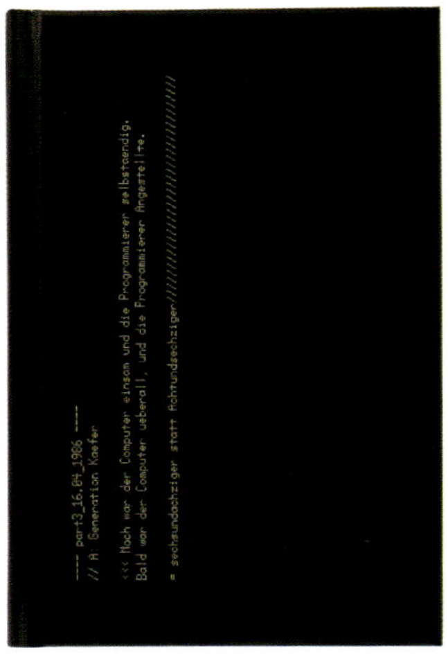

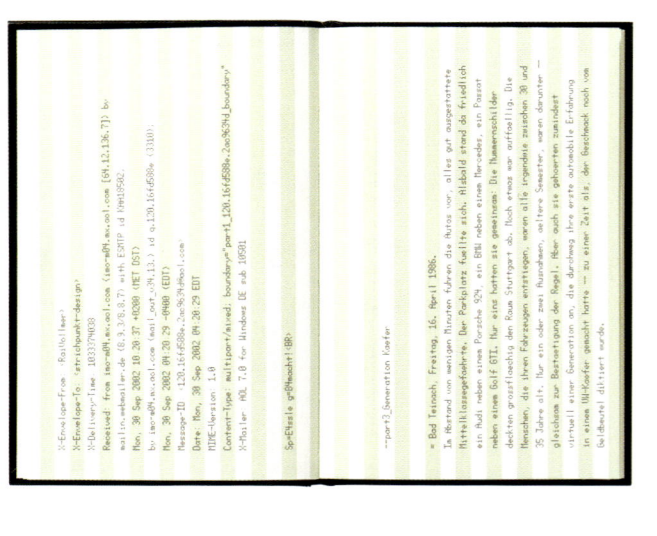

KOMMUNIKATIONSZIEL --

Allgemein: Erstellung einer Jubiläumsbroschüre unter dem Firmenmotto „einfach anders" mit einer lebendigen Darstellung der sehr wechselvollen 25jährigen Unternehmensgeschichte.
Kreative Leitidee: Die USU AG ist kein Unternehmen wie jedes andere. Dies sollte die Jubiläumspublikation zeigen. Unternehmensgeschichte heißt: Geschichten erzählen. Mutig, dass der Unternehmensgründer sich bereit erklärte, zum Fortsetzungsromanhelden zu mutieren: so entstanden 5 Bücher zu 5x5 Jahren USU – in der Diktion und grafischen Anmutung ihrer Zeit, ungewohnt, amüsant und vor allem: offen (wie z.B. der Titel IPOkalypse zum Börsengang zeigt). Vielfalt, Kreativität und Individualität des Unternehmens finden ihren Ausdruck in einer kleinen Bücherei. Fortsetzung folgt.

JURY-BEGRÜNDUNG --

Originelle Idee, mutig gelöst. Ein kleines Format mit großer Wirkung: „5 mal 5" Lebensabschnitte des Unternehmens im Geist der jeweiligen Zeit konsequent grafisch umgesetzt und in Format und Verarbeitung vereint. VIRTUELL ...

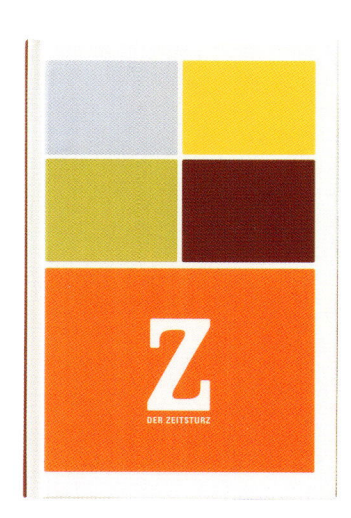

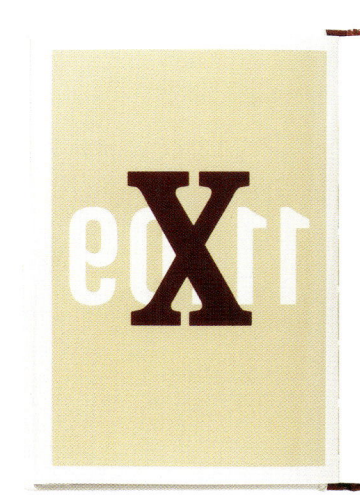

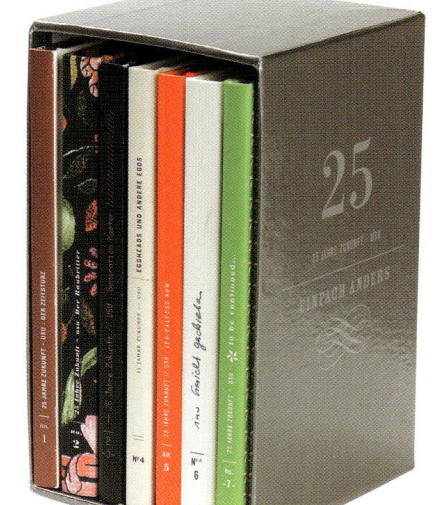

KATEGORIE -- PROSPEKTE -- BROSCHÜREN -- DOKUMENTATIONEN FÜR PUBLIC RELATIONS

TITEL --	AUFTRAGGEBER --	EINREICHER --		ZIELGRUPPE --
„AGENDA EDITION NO. 1, WASSER – ANNÄHERUNG AN EIN ELEMENT" UNTERNEHMENS-/IMAGEBUCH	Leitung Konzern-kommunikation	RWE AG *Dieter Schweer*	Hoffmann und Campe Verlag GmbH	Entscheidungsträger in Wirtschaft und Gesellschaft
		Objektleitung **AD** **Redaktionsleitung**	*Dr. Andreas Siefke* *Dirk Linke* *Dr. Petra Thorbrietz*	

KOMMUNIKATIONSZIEL --

Mit dem Buch „agenda edition no. 1, Wasser – Annäherung an ein Element" werden die Opinion-Leader in Wirtschaft und Politik, Wissenschaft und Forschung, aber auch in Kunst, Kultur und Medien direkt angesprochen. Mit diesem ersten Band der jährlich zu ergänzenden Buchreihe „agenda edition" macht die RWE auf ihre Rolle als drittgrößter Wasserversorger der Welt aufmerksam und dokumentiert ihren Teil der Verantwortung gegenüber der wertvollsten Ressource der Erde. Sie weckt das Interesse und Problembewusstsein für die lebenswichtigste Ressource der Menschheit, denn das Thema Wasser wird immer wichtiger für die Zukunft. Nicht ohne Grund haben die Vereinten Nationen 2003 zum „Jahr des Wassers" erklärt.

Highlights der vorliegenden Ausgabe sind die exklusive Zeichnung eines Einbaums des international renommierten italienischen Künstlers Fabrizio Plessi, die als Altarfalz im Buch zu finden ist und auch zur Umschlaggestaltung eingesetzt wurde, sowie eine Fotoserie der 16 größten Flüsse der Welt als doppelter vierseitiger Zickzackfalz. Diese 16 Flüsse wurden alle zur gleichen lokalen Zeit von 16 Fotografen aufgenommen.

JURY-BEGRÜNDUNG --

Kreative aufmerksamkeitsstarke Lösung, die durch Anmutung und Haptik zielgruppengerecht zum Lesen und Erleben verführt. Der zukünftige Wert von Wasser wird anschaulich, dramatisch und begreifbar inszeniert.

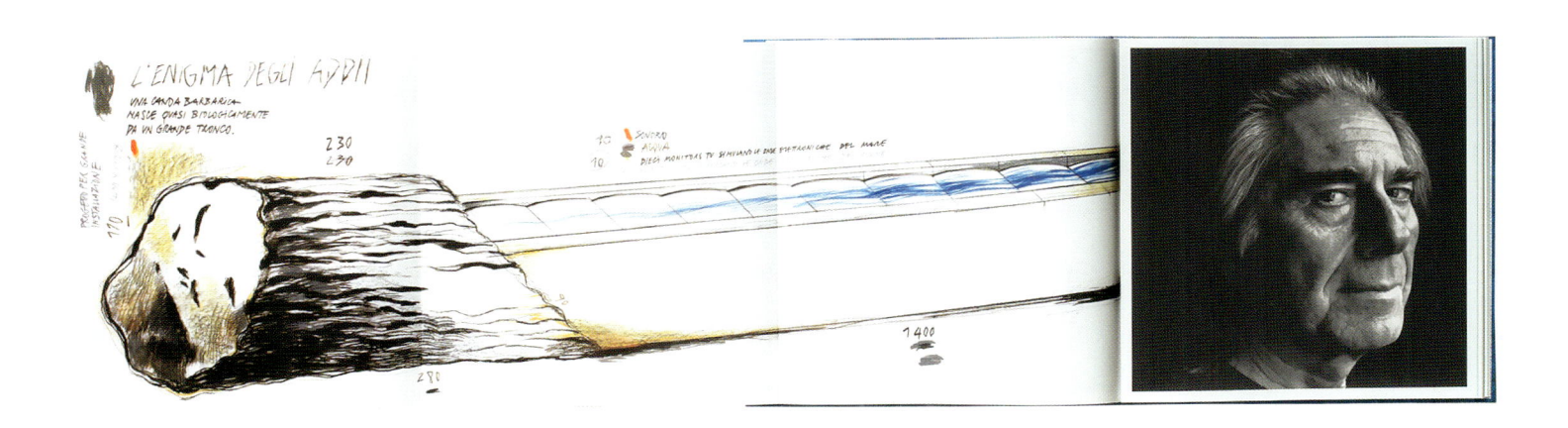

g

KATEGORIE -- **KATALOGE FÜR WERBUNG -- VERKAUFSFÖRDERUNG**

TITEL --	AUFTRAGGEBER --	AGENTUR --			ZIELGRUPPE --
„DARWIN INSELN" VON BENGT FOSSHAG DAS SCHEUFELEN SKIZZENBUCH	Papierfabrik Scheufelen **Marketing-leiter** *Birger Hetzinger*	**Konzeption** **Illustration** **AD** **Text** **Assistent AD, dtp**	√ PHCC Peter Heßler Agentur für Corporate Communication *Bengt Fosshag / Peter Heßler* *Bengt Fosshag* *Peter Heßler* *Jochen Beithan / Bengt Fosshag* *Miriam Kürschner*	**Lektorat** **Fotografie** **Lithografie** **Ausbelichtung** **Druck** **Buchbindung**	*Wieners+Wieners, Ahrensburg* *Georg Feldmann / Peter Jäger /* *Heinz Wolf* *Heads, Frankfurt/M.* *City-Repro Zweifel /* *Wirth & Kiefer, Mainz* *Fixdruck, Friedrichsdorf* *Köhler, Rodgau*	Entscheider in Werbe-agenturen, Verlagen, Druckereien, Buchbinde-reien, Designer, Produktioner, Lithographen, Illustratoren, Art-Directoren und alle Menschen mit einem guten Geschmack.

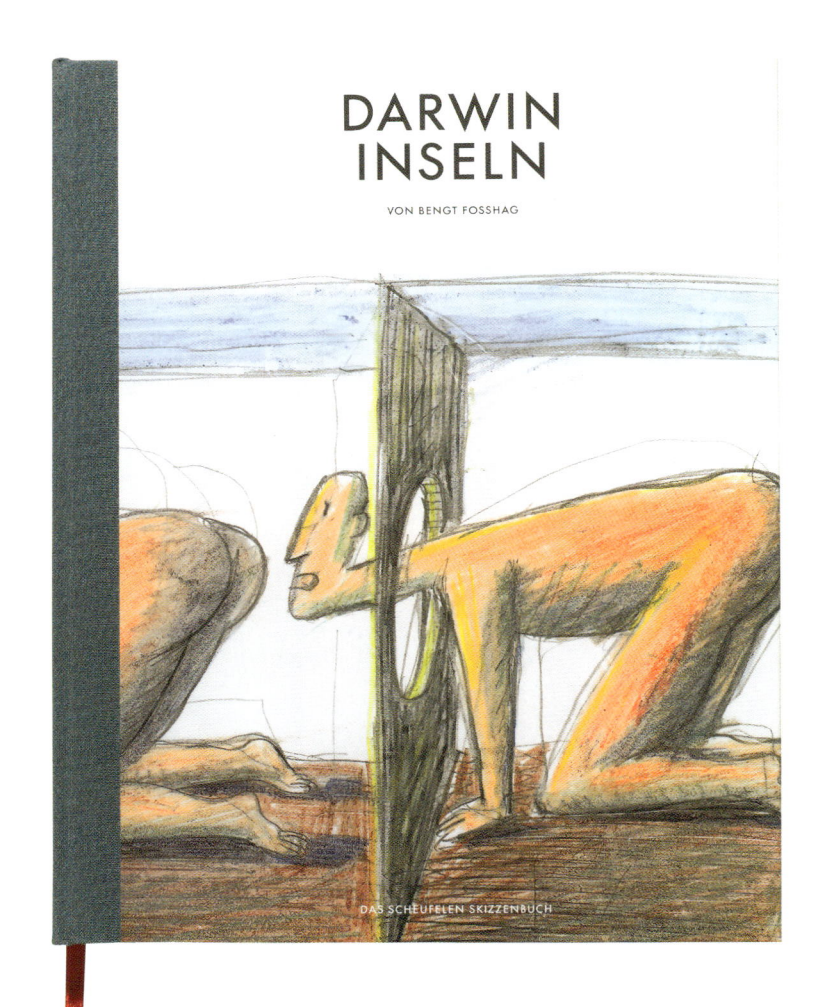

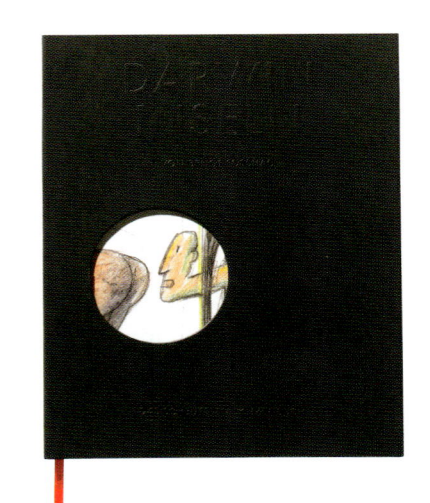

KOMMUNIKATIONSZIEL --

„Darwin Inseln", das Scheufelen Skizzenbuch von Bengt Fosshag ist der Versuch ein Bild eines Bildermachers zu zeichnen. Die Skizzen erzählen Geschichten, die die Phantasie anregen. Dieses Buch soll als gutes Beispiel gemeinsamer Sprache dienen. Es ist ein Projekt, das aufzeigen soll, wie man in allen Bereichen etwas Ungewöhnliches leisten kann.
Birger Hetzinger von Papierfabrik Scheufelen hat die richtig guten Papiere.
Bengt Fosshag macht wirklich ungewöhnliche Illustration.
Holger Görtz von Heads macht tolle Lithos.
Detlef Wehenkel von Fixdruck druckt fix und sehr gut.
Bernd Kiefer von City Repro ist unkonventionell und zuverlässig.
Hartmut Köhler von der Buchbinderei Köhler ist einer der sehr guten Handwerker seiner Zunft.
Peter Heßler macht nicht nur gute Konzepte, sondern auch gute Bücher mit guten Leuten.
Das sollten einige Leute wissen.

JURY-BEGRÜNDUNG --

Durch die offensichtlich hervorragende Kooperation aller Beteiligten ist ein überaus stimmiges, ja geradezu lustbetontes Gesamtwerk entstanden – das Skizzenbuch von Scheufelen. Nein, kein Blindmuster, Sie müssen nicht selbst zeichnen: es ist alles schon gedacht und gemacht und erzählt mit spitzem Stift von Bengt Fosshag und ebenso feinsinnigen, manchmal kecken, gar kessen Texten. Eine Freude für die Entscheider in Agenturen und Druckereien – und die Jury: Gold.

GOLD SILBER BRONZE **DIPLOM**

g

KATEGORIE -- **KUNDENZEITSCHRIFTEN**

TITEL --	AUFTRAGGEBER --	AGENTUR --				ZIELGRUPPE --
„MAYBACH MOMENTS 01" „MAYBACH MOMENTS 02"	DaimlerChrysler AG verantwortlich *Leon Hustinx / Thomas Schuhmacher / Hans-Diether Engelhard*	TC GRUPPE GmbH Target Communications *Christian Crämer Jeanette Blaum / Daniela Deeg Bettina Lehmann Bettina Lehmann / Hartmut Sander*	CD AD Text Konzept / Beratung	**Projektmanagement** **Fotografie /** **Illustration** **Produktion** **Satz** **Litho** **Druck**	*Sonia Dean, Jari Pfander u.a. Martin Schäuble, René Staud Anja Geih, TC GRUPPE GmbH, Factory 7 TC GRUPPE GmbH eder GmbH W. Kohlhammer Druckerei*	Maybach Kunden, Interessenten, Liebhaber der Marke

MAYBACH

MAYBACH MOMENTS 01

MAYBACH

MAYBACH MOMENTS 02

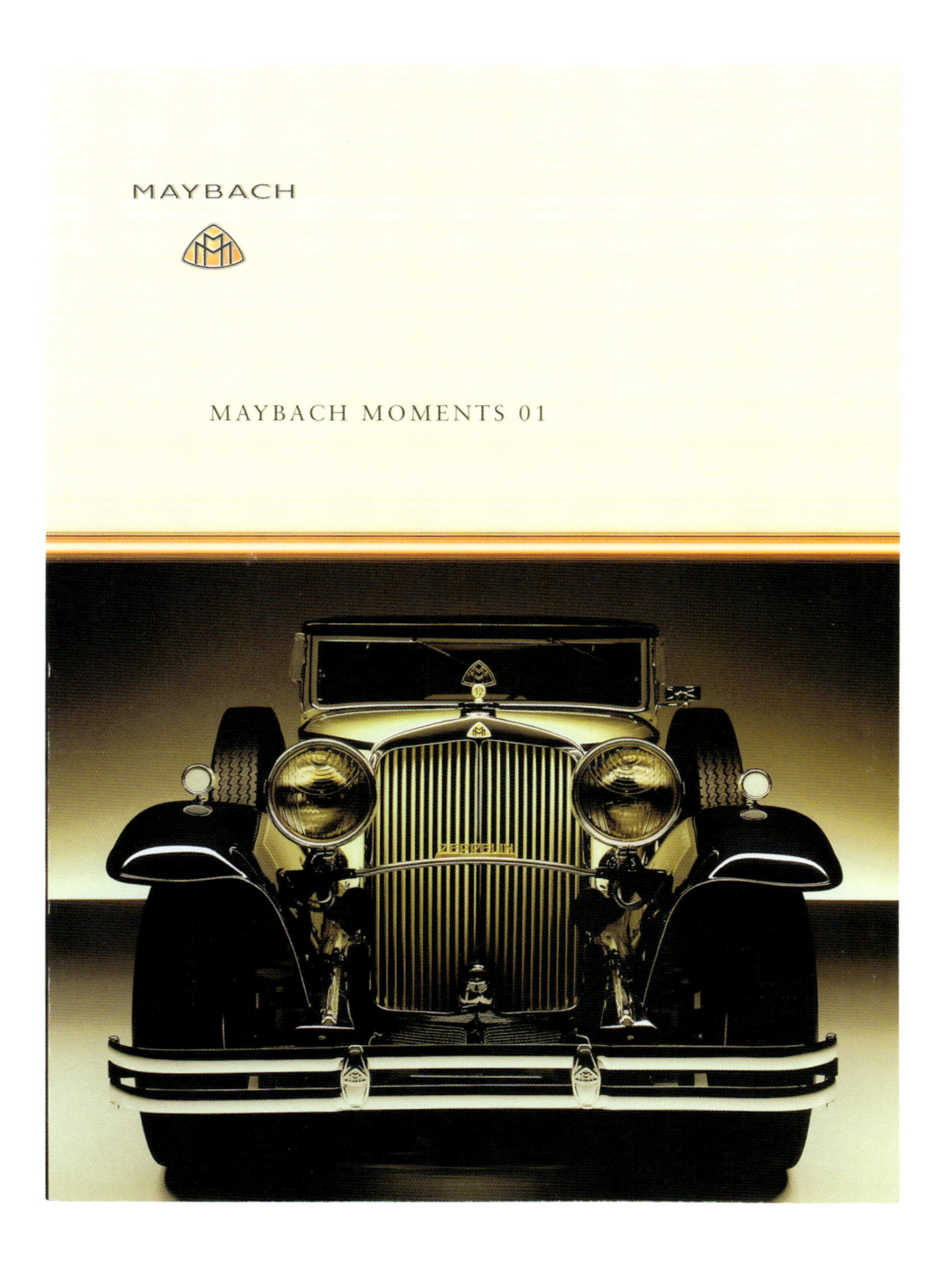

KOMMUNIKATIONSZIEL --

Moments 01

Aufgabe: Konzeption und Gestaltung eines Kommunikations-Tools zur langfristigen Kundenbindung, Brand-Building, Revitalisierung der Marke und Vermittlung markenaffiner Themen.

Umsetzung: Maybach Moments 01 ist die erste Ausgabe eines Kundenmagazins, das in Gestaltung, Inhalt und Verarbeitungsqualität den Ansprüchen der Marke Maybach entspricht. Das zweisprachige Magazin umfasst vier markenrelevante Rubriken (Tradition & Fortschritt, Technologie & Design, Menschen & Momente, Kultur & Lebensart). Schwerpunktthema der Moments 01 ist die Marken-Heritage. Das Themenspektrum der Reportagen, Interviews und Portraits reicht von den Biographien Wilhelm und Karl Maybachs über den Zeitgeist der Zwanziger Jahre bis zur Entwicklung des Logos, der Vorstellung historischer Modellreihen und Produktaussagen zum neuen Modell. Großzügige Bildstrecken und fundiert recherchierte Texte verleihen der Publikation ebenso einen exklusiven Charakter, wie eine hochwertige Produktion, z.B. der Einsatz der Sonderfarbe German Silver. Das Magazin erscheint einmal jährlich und wird in den internationalen Märkten über die PLM direkt an Kunden, Prospectives und Markenliebhaber ausgehändigt.

Ziel: Loyality, Unterstützung der CRM-Aktivitäten, kontinuierliche emotionale Kundenansprache, Förderung der weltweiten Maybach Community.

Moments 02

Aufgabe: Fortführung des mit Moments 01 entwickelten Konzeptes. CRM-Support, kommunikative Unterstützung der Produkteinführung, Dokumentation der Maybach Eventmarketing-Aktivitäten des Jahres 2002.

Umsetzung: Mit Schwerpunkt auf der Fahrzeugpräsentation werden unter Beibehaltung der mit Moments 01 etablierten Rubriken produktrelevante Themen und die wichtigsten Events des Jahres 2002 dokumentiert. Interviews, Portraits und Reportagen behandeln u.a. das Center of Excellence, die Messeauftritte in Genf und Paris, internationale Events sowie die Maybach Kollektionen von Dunhill und Robbe & Berking.

Layout, Bildsprache und Tonalitäten wurden fortgeführt und entsprechen dem definierten Maybach CD.

Ziel: Emotionale Kundenansprache, Markenbindung, Förderung der Maybach Community.

JURY-BEGRÜNDUNG --

Perfekt: Das Kundenmagazin ist eine konsequente Fortsetzung der exzellenten Kommunikation in Form eines markenaffinen Magazins. Das Medium transportiert die Markenwerte in einer stilsicheren, zielgruppenadäquaten Form.

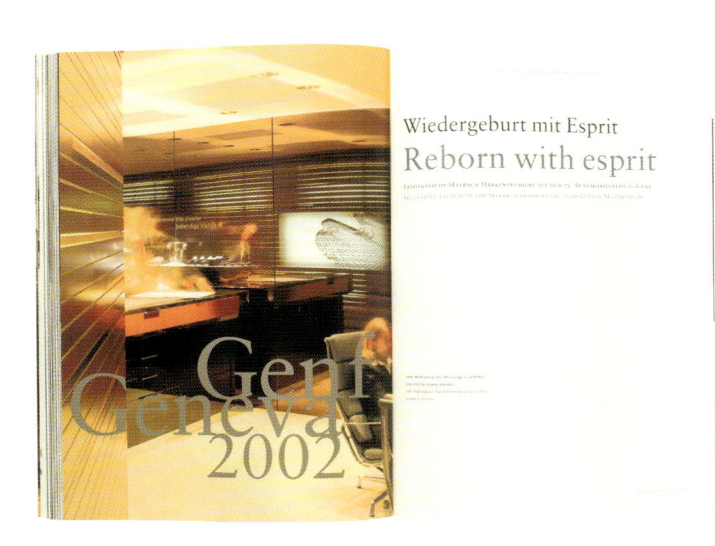

GOLD SILBER BRONZE DIPLOM

g

TITEL --	AUFTRAGGEBER --		AGENTUR --				ZIELGRUPPE --
WAS IST – GESCHÄFTSBERICHT 2002	schlott gruppe Aktiengesellschaft			$\sqrt{}$ strichpunkt GmbH	Projektmanagement Text Druck	Jeannette Kohnle pr+co., Stuttgart sachsendruck	Kunden, Investoren und Analysten
	Vorsitzender (CEO) Vorstand (CFO) Leiter IR und PR	Bernd Rose Dr. Uwe Hack Marco Walz	Konzeption/CD AD Illustration Satz	Jochen Rädeker/ Kirsten Dietz Kirsten Dietz/ Gernot Walter Gernot Walter strichpunkt, Stuttgart	Weiterverarbeitung	schlott gruppe, Plauen refeka, München/ Thalhofer, Schönaich	

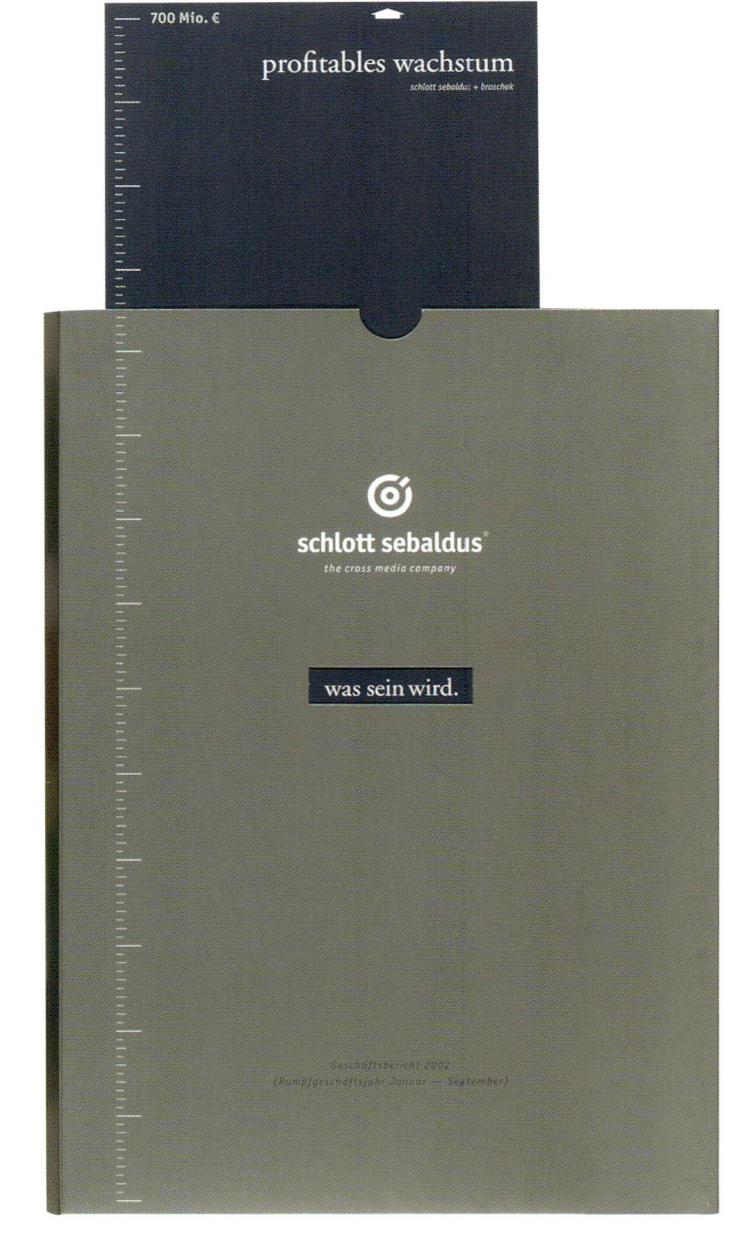

KOMMUNIKATIONSZIEL --
Kommunikation der Leistungsfähigkeit der schlott sebaldus AG in einem schwierigen gesamtwirtschaftlichen und branchenspezifischen Umfeld durch Verweis auf die marktgestaltende europäische Spitzenposition des Unternehmens.
Kreative Leitidee: Der Geschäftsbericht in seiner ursprünglichsten Bedeutung: Als Rückblick, Gegenwartsbeschreibung und Ausblick. Umgesetzt als interaktives Kommunikationstool: Der Lagebericht des vergangenen Jahres unter dem Motto „was war", Aussagen zur aktuellen wirtschaftlichen Situation unter dem Motto „was ist" und, die aktuellen Aussagen mittels Schiebekarten verändernd, zukünftige Entwicklungen unter dem Motto „was sein wird". Einem Druckkonzern als Auftraggeber entsprechend, umgesetzt mit höchstem Anspruch an Druck- und Verarbeitungstechnologie.

JURY-BEGRÜNDUNG --
Das „Zwei in Eins"-Prinzip als Konzept ist nicht neu – aber in der vorliegenden Form hervorragend gelungen. In einem „Perspektiven"-Teil wird mit sinnvoll eingesetzten spielerischen Mitteln ein Ausblick bis 2012 gewagt, der das Wachstumspotenzial der Mediengruppe veranschaulicht. Das Werk überzeugt zudem handwerklich hinsichtlich Text, Grafikdesign und Typografie – ein Geschäftsbericht mit Vorbildcharakter.

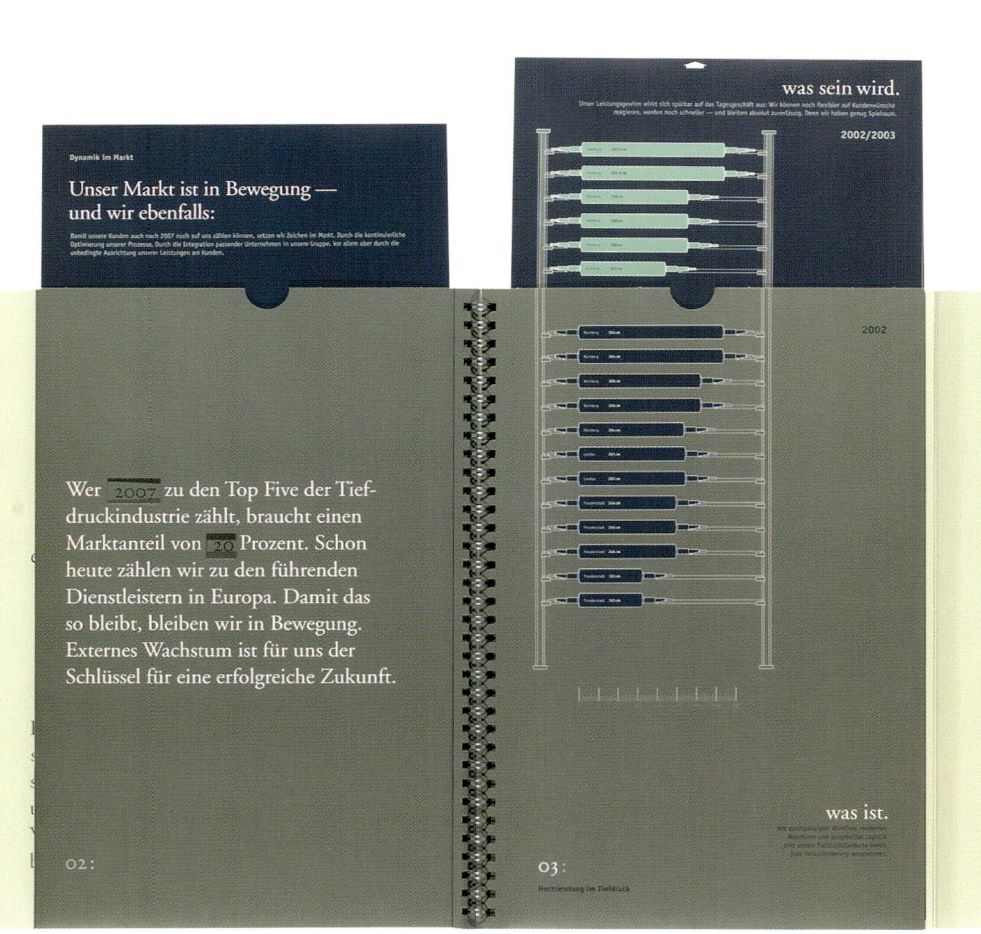

GOLD SILBER BRONZE DIPLOM

g

KATEGORIE -- GESCHÄFTSBERICHTE -- UMWELTBERICHTE

TITEL --	AUFTRAGGEBER --		AGENTUR --				ZIELGRUPPE --
SHOPPING BAG – GESCHÄFTSBERICHT 2002 DER 4MBO AG	**Leiterin IR Direktor Marketing PR / Text**	4mbo International Electronic AG *Karen Winkelmann Christopher Baur Dr. Eberhard Kaiser*	**Konzeption / CD AD / Grafik-Design Text**	√strichpunkt GmbH *Jochen Rädeker Kirsten Dietz Uli Sackmann / Norbert Hiller / Jochen Rädeker / Dr. Eberhard Kaiser / Karen Winkelmann*	**Projektmanagement Fotografie / EDV Satz Herstellung Druck**	*Karin Klügel strichpunkt, Stuttgart Stephanie Zehender strichpunkt MediaGroup Le Roux, Erbach / Ulm*	Kunden, Investoren und Analysten

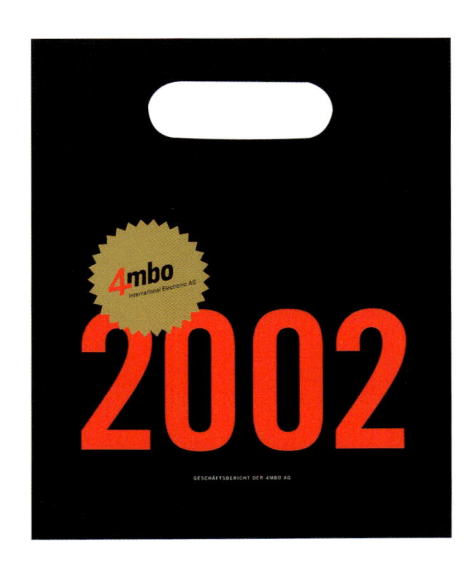

76 -- 77

KOMMUNIKATIONSZIEL --

Darstellung des Geschäftsverlaufs und Kommunikation der Fokussierung von Geschäftsaktivitäten auf ausgewählte Handelspartner (nur große Handelsketten).
Kreative Leitidee: 4mbo vermarktet High-Tech-Produkte zu Billigpreisen über Supermärkte. Der Geschäftsbericht zeigt die wichtigsten Kunden von 4mbo anhand ihres klassischen Image- und Produktträgers: der Plastiktüte. Um die erfolgreiche Partnerschaft zu kommunizieren, werden die Namen der Kunden zu Begriffen aus dem Wirtschaftsleben ergänzt und entsprechende Aspekte erläutert (KapitALDIenst, PLUSpunkt, NORMAlität etc.).
Naheliegend: Der gesamte Geschäftsbericht hat ebenfalls einen Tragegriff – und steckt in einer Plastiktüte.

JURY-BEGRÜNDUNG --

Konsequent mutig stellt sich auch 2003 wieder die 4mbo AG der Jury. Das im „Aktionsgeschäft" agierende Unternehmen macht erlebbar, wo sein Erfolg stattfindet: im Plastiktüten Discount. Der freche Text unterstützt dieses Erlebnis in besonderer Weise. So leistet der Geschäftsbericht einen aktiven und dabei sympathischen Beitrag zur Imagekommunikation.

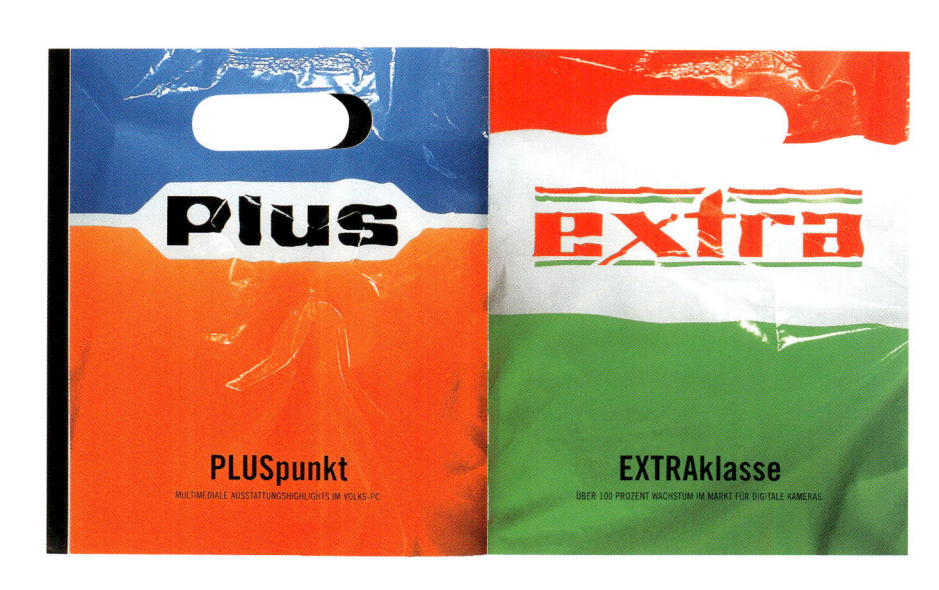

silber

DIE KATEGORIEN
2 X -- PROSPEKTE -- BROSCHÜREN -- DOKUMENTATIONEN FÜR WERBUNG
2 X -- PROSPEKTE -- BROSCHÜREN -- DOKUMENTATIONEN FÜR PUBLIC RELATIONS
2 X -- PROSPEKTE -- BROSCHÜREN -- SALES FOLDER FÜR VERKAUFSFÖRDERUNG
0 X -- KATALOGE FÜR WERBUNG -- VERKAUFSFÖRDERUNG
0 X -- KUNDENZEITSCHRIFTEN
0 X -- GESCHÄFTSBERICHTE -- UMWELTBERICHTE
0 X -- MITARBEITERZEITUNGEN -- WERKZEITSCHRIFTEN UND -ZEITUNGEN

-- DIE GEWINNER

STRICHPUNKT AGENTUR FÜR VISUELLE KOMMUNIKATION GMBH
-- Imagebroschüre schlott gruppe Aktiengesellschaft

SYZYGY DEUTSCHLAND GMBH
-- Imagebrochure „Jeder Erfolgsweg beginnt mit einer Frage"

HESSE DESIGN GMBH
-- Design by doing 8

WEIGERTPIROUZWOLF WERBEAGENTUR GMBH
-- Ausstellungskatalog „Lieblingsplätze" IKEA Deutschland GmbH

KW43 BRANDDESIGN
-- Loewe World Experience

TC GRUPPE GMBH TARGET COMMUNICATIONS
-- Maybach Materials

TITEL --	AUFTRAGGEBER --		AGENTUR --				ZIELGRUPPE --
IMAGEBROSCHÜRE	schott gruppe Aktiengesellschaft		√strichpunkt GmbH		Projektmanagement Satz	Jeannette Kohnle strichpunkt	Kunden, Investoren und Analysten
			Konzeption/CD	Jochen Rädeker / Kirsten Dietz	Fotografie	Peter Granser, Stuttgart pr+co. GmbH, Stuttgart	
	Vorstand (CEO) Marketingleitung	Bernd Rose Carmen Manger	AD	Kirsten Dietz / Jochen Rädeker	Text Herstellung	strichpunkt sachsendruck gmbh,	
			Grafik-Design	Tina Hornung / Markus Weissenhorn	Druck	schlott gruppe, Plauen	

KATEGORIE -- PROSPEKTE -- BROSCHÜREN -- DOKUMENTATIONEN FÜR WERBUNG

KOMMUNIKATIONSZIEL --

Beziehungen zwischen Menschen sind das bestimmende Element erfolgreichen unternehmerischen Handelns genauso wie privaten Glücks. Der Druck- und Medienkonzern schlott gruppe AG stellt deshalb in seiner Imagebroschüre Kolleginnen und Kollegen vor, die auch privat Partner sind. Die Werte, die für ihre Beziehungen gelten, lassen sich auch auf Kundenbeziehungen übertragen.

In weiteren Medien des sich im grafischen Raster an einem Falzbogen orientierenden, umfassenden Kommunikationskonzeptes stehen ebenfalls die Mitarbeiter im Mittelpunkt – beim Lesen der von ihnen produzierten Medien. Denn für ein Produkt zu arbeiten, das zur eigenen Lebensqualität beiträgt, ist die beste Motivation.

JURY-BEGRÜNDUNG --

Ein starkes Konzept, hochwertig in allen Bereichen umgesetzt (Farbwelt, Raster, Integration in das Medienkonzept von Schlott). Eine sympathische, zeitgemäße Aufmachung, jung und intelligent präsentiert – genau das Richtige für die Kunden im B2B-Bereich wie auch für die eigenen Mitarbeiter.

In diesen Publikationen steckt ein gutes Stück Überzeugungskraft. Pfiffig auf dem Falzschema eines Druckbogens aufgebaut, erzeugen beweiskräftige und ungeschönte Texte Sympathie für eine gemeinsame Sache – und die heißt: Kunde bei Schlott. Silber.

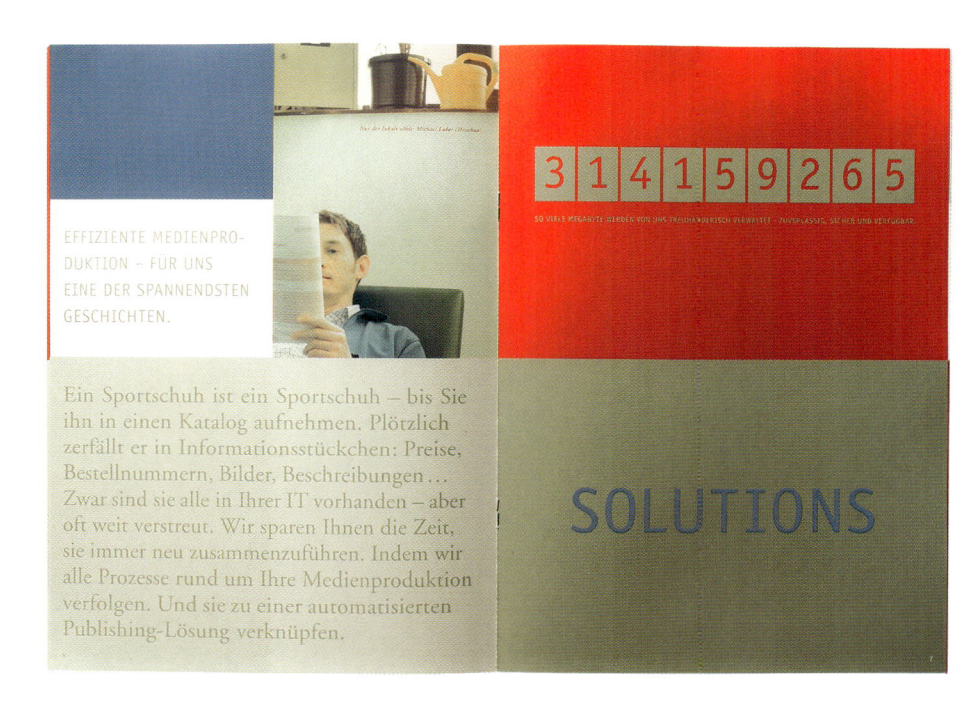

KATEGORIE -- **PROSPEKTE** -- **BROSCHÜREN** -- **DOKUMENTATIONEN FÜR WERBUNG**

TITEL --	AUFTRAGGEBER --		AGENTUR --		ZIELGRUPPE --
IMAGEBROCHURE JEDER ERFOLGSWEG BEGINNT MIT EINER FRAGE	**Geschäftsführung**	syzygy Deutschland GmbH *Marco Seiler*	**Geschäftsführung** **CD** **Text** **Illustration**	syzygy Deutschland GmbH *Thomas Nicol* *Jörg Herz* *Jens Dietrich* *Anne Rapp*	Investoren, potenzielle und aktuelle Kunden

KOMMUNIKATIONSZIEL --

Die Brochure soll zeigen, dass unsere Internet-basierten Lösungen Menschen und Informationssysteme verbinden. Durch Kreativität und den effizienten Einsatz von Technologie schaffen wir nachhaltige Werte für Europas führende Unternehmen: Wir machen Internet-Technologien zu einem integralen Bestandteil der Geschäftsmodelle unserer Kunden.

JURY-BEGRÜNDUNG --

Einfache, kompakte und gut aufgebaute Information für die Zielgruppe „Entscheider für Internet-Lösungen". Das Konzept: Frage, Problemstellung kurz angerissen, Problemanalyse in ein bis zwei Sätzen, die Anwort. Aber nicht schnodderig oberflächlich, sondern adäquat, ohne Schnörkel. Ein durchgängig gutes Werk. Erfreulich anzusehen auch die guten Illustrationen sowie zur Freude der Drucker und Buchbinder abgeliefert – das ist Silber.

GOLD SILBER BRONZE DIPLOM

KATEGORIE -- PROSPEKTE -- BROSCHÜREN -- DOKUMENTATIONEN FÜR PUBLIC RELATIONS

TITEL --	AUFTRAGGEBER --		AGENTUR --		ZIELGRUPPE --
DESIGN BY DOING 8		Hesse Design GmbH		Hesse Design GmbH	Städte, Gemeinden, Institutionen und Unternehmen, die sich mit Corporate Design und Identity auseinandersetzen.
	Projektleitung	*Christine Hesse / Klaus Hesse*	CD Design Text Fotografie	*Christine Hesse / Klaus Hesse* *Brit Wehmeyer* *Barbara Bierach / Klaus Hesse* *Carlos Cantalupo*	

KOMMUNIKATIONSZIEL --
Dokumentation einer Fallstudie, Anregungen für ein erfolgreiches Stadtmarketing vermitteln, Qualitätsmerkmale von Corporate Design darstellen.

JURY-BEGRÜNDUNG --
Die Broschüre der Designagentur Hesse richtet sich an CD-Entscheider. Basierend darauf wird das Thema Corporate Design und sein wirtschaftlicher Bezug facettenreich erklärt und Schritt für Schritt mit handfesten Beispielen aus der Arbeit der Agentur für die Stadt Düsseldorf erlebbar gemacht. Perfekt gestaltet, dabei unprätentiös und frei von Fachchinesisch informiert die Broschüre ihre Zielgruppe.

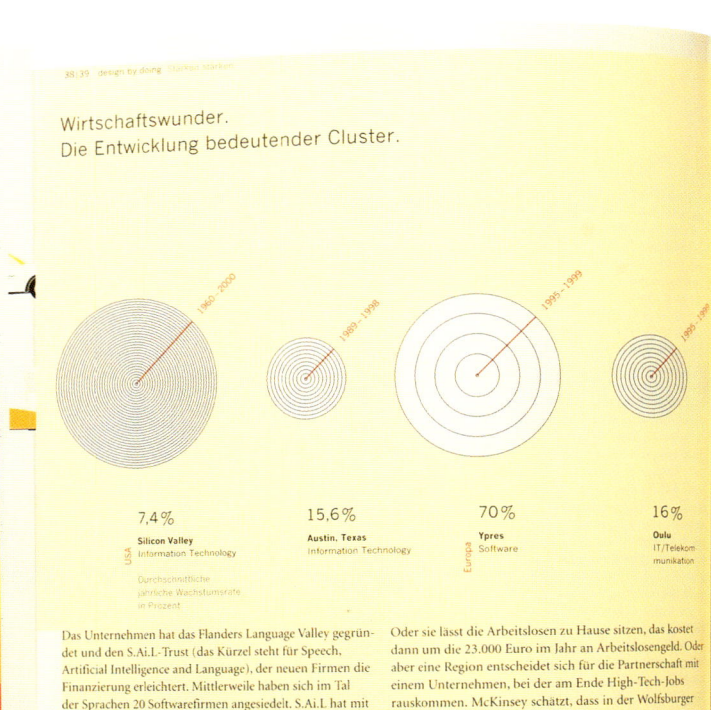

Wirtschaftswunder.
Die Entwicklung bedeutender Cluster.

Ministerpräsident Wolfgang Clement ist davon überzeugt, dass »zukünftig im Wettbewerb der Standorte von entscheidender Bedeutung sein wird, wer den Medien- und Kommunikationsunternehmen den besten Service bieten kann«.

7,4%	15,6%	70%	16%	15%	92%	42%	29,5%
Silicon Valley	Austin, Texas	Ypres	Oulu	Graz	Martinsried	Hyderabad	Bangalore
USA	Information Technology	Europa	IT/Telekom-munikation	Autozulieferer-industrie	Biotechnologie	Asien	Software
Information Technology		Software				Software	

Das Unternehmen hat das Flanders Language Valley gegründet und den S.Ai.L-Trust (das Kürzel steht für Speech, Artificial Intelligence and Language), der neuen Firmen die Finanzierung erleichtert. Mittlerweile haben sich im Tal der Sprachen 20 Softwarefirmen angesiedelt. S.Ai.L hat mit all den anderen Orten der Welt, an denen Sprachsoftware gelehrt und gebaut wird, Austauschprogramme organisiert. Etwa mit Argentinien, Ungarn, Australien, Japan, Israel und Norwegen. Und Lernout & Hauspie sitzt nun wie die Spinne im Netz in einem Gewebe aus Kontakten und Ideen rund um die Welt.
Alternativ dazu kann eine Region auch Steinkohle fördern. Da hat sie dann eine Bruttowertschöpfung pro Job von 22.000 Euro im Jahr und gibt an Subventionen für jeden Arbeitsplatz 48.000 Euro aus.

Oder sie lässt die Arbeitslosen zu Hause sitzen, das kostet dann um die 23.000 Euro im Jahr an Arbeitslosengeld. Oder aber eine Region entscheidet sich für die Partnerschaft mit einem Unternehmen, bei der am Ende High-Tech-Jobs rauskommen. McKinsey schätzt, dass in der Wolfsburger Autostadt ein Job für rund 4.000 Euro entsteht – und am Ende auch eine überdurchschnittliche Bruttowertschöpfung abwirft. »Ich behaupte mal schlichtweg«, so Jürgen Kluge, »die Wirkung, die man mit dem Setzen von Cluster-Spielregeln hat, ist zehn Mal größer als der Versuch, direkt Jobs zu fördern.«
Wolfgang Clement, Ministerpräsident von Nordrhein-Westfalen, hat das begriffen. Er ist davon überzeugt, dass »zukünftig im Wettbewerb der Standorte von entscheidender Bedeutung sein wird, wer den Medien- und Kommunikationsunternehmen den besten Service bieten kann«. Für die Politik heiße das konkret: »Fördern und gestalten statt zahlen und verwalten.« Sein Amtssitz Düsseldorf ist auf dem besten Weg, ein erfolgreiches Cluster für Kommunikation jeder Art zu werden.

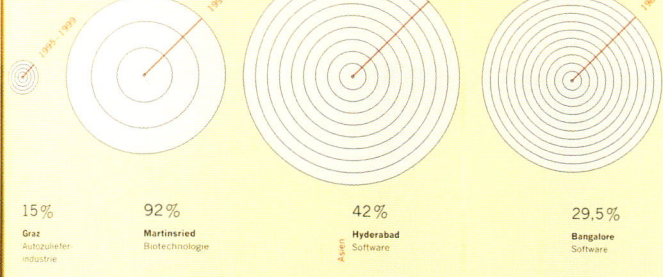

Düsseldorf ist nicht nur Messe- und Medienstandort, sondern eine der europäischen Zentralen für Schönheit – kaum eine Stadt hat mehr Mode, Werbung und Kunst im Angebot als Nordrhein-Westfalens Hauptstadt. Sie beheimatet seit Joseph Beuys' Engagement eine der besten Kunstakademien der Welt, heute steht ihr Name für international renommierte Künstler wie Graubner, Richter, Uecker oder Lüpertz. Die Datenbank der Industrie- und Handelskammer wirft zum Stichwort »Medien« 41 Unternehmen aus, zum Begriff »Mode« 56, 150 bei »Design« und 503 für »Werbung«. Kurz: Die Werbeagenturen am Standort machen die Stadt nach Honorarumsatz zur größten Werbemetropole der Republik, die Modemesse ist eine der wichtigsten der Welt. Düsseldorf ist klein und groß zugleich. Es hat zwar nur 570.000 Einwohner mit einer Umgebung, die Landleben mit Pferden, Kühen und kleinen Gasthäusern ermöglicht, aber auch eine Urbanität, die jedem die Szene gibt, die er zum Leben braucht. Dennoch ist die kleine Stadt Teil eines städtischen Netzwerks – im Süden liegt die Millionenstadt Köln, im Norden die Ruhrgebietskommunen Duisburg, Essen, Bochum und Dortmund. Gemeinsam bieten diese Städte mehr an Kunst, Kultur, Sport und industrieller Leistung als irgendein anderer Platz in Europa. Natürlich konkurrieren alle diese Kommunen als Unternehmensstandorte, aber auch um das beste Theater, das tollste Fußballstadion und das leckerste Bier. Aber sie kooperieren auch – beispielsweise als mögliche Gastgeber für die Olympischen Spiele 2012.

GOLD SILBER BRONZE DIPLOM

KATEGORIE -- **PROSPEKTE -- BROSCHÜREN -- DOKUMENTATIONEN FÜR PUBLIC RELATIONS**

TITEL --	AUFTRAGGEBER --		AGENTUR --				ZIELGRUPPE --
AUSSTELLUNGSKATALOG „LIEBLINGSPLÄTZE"	**Werbeleitung Deutschland PR Deutschland** **Projektverantwortung**	IKEA Deutschland GmbH *Niclas Silversved Sabine Nold / Stefanie Neumann* *Stefan Hönicke*	**CD Art** **AD** **CD Text** **Text**	√weigertpirouzwolf Werbeagentur GmbH *Jörn Matthies Simona Albers Dirk Finger-Eisenmann Sarah Sommer*	**Beratung**	*Thies Bunkenburg / Christian Laur / Rouven Schirrmeister*	Alle Menschen mit Interesse für Einrichtung.

KOMMUNIKATIONSZIEL --

Im Rahmen der IKEA-Kampagne „Lieblingsplätze" wurde zur Unterstützung der PR-Aktivitäten eine Foto-Ausstellung und ein Ausstellungs-Katalog hergestellt. Ziel der PR-Maßnahmen und insbesondere des Kataloges ist es, das Thema „Lieblingsplatz" mit all seinen Facetten, den Menschen näher zu bringen. Und so dafür zu sorgen, dass sich die Menschen auch außerhalb der produktspezifischen, klassischen Kampagne mit dem Thema „Lieblingsplatz" auseinandersetzen.

JURY-BEGRÜNDUNG --

Der Markenkern IKEA (Claim: „Wohnst Du noch oder lebst Du schon?") wird überraschend ohne jegliches visuelle Branding mit Understatement erlebbar gemacht. Die Broschüre ist durchgehend sympathisch und freundlich im Auftritt.

KATEGORIE -- PROSPEKTE -- BROSCHÜREN -- SALES FOLDER FÜR PUBLIC RELATIONS

TITEL --	AUFTRAGGEBER --	AGENTUR --				ZIELGRUPPE --
LOEWE WORLD EXPERIENCE	Loewe Opta GmbH Advertising Manager *Torsten Bald*	√ KW43 BRANDDESIGN CD AD	*Gereon Sonntag* *Annette Brinkmann / Simone Hardt /* *Ulrike Jägerfeld / Eva Sieben /* *Christian Vöttiner*	**Fotografie** **Text** **Übersetzung** **Druck** **Litho** **Produktion**	*Stephan Schacher / Siro Micheroii (Ass.)* *Tanja Schickert* *Leigh Hoch / Gilian Morris* *Mairs Grafische Betriebe,* *Ostfildern / Kemnat* *Junck Repro Technik, Düsseldorf /* *P&S Media, Fürth* *Haroc Marcard*	Designaffine Endverbraucher in gehobenen Premiumsegment

KOMMUNIKATIONSZIEL --

Loewe World Experience ist der Name der Einführungskampagne für Systems, einer Premium-Home-Cinema-Anlage. Ein kultureller Staffellauf durch drei Kontinente schafft die Grundlage für eine einmalige Handelsaktion. Dabei wird Musik aus Mali im Reich der Mitte neu interpretiert und in Brasilien erliegt chinesische Tempelmusik den Einflüssen der Bossa Nova. Begleiten konnte man die Reise erst im Internet, dann bei einer exclusiven Demonstration des Gesamtergebnisses im Handel – präsentiert in Form einer einstündige DVD im Dolby Surround Sound und einem umfangreichen Reisetagebuch. Die Aktion beschert das höchste Recall-Ergebnis in der Geschichte von Loewe.

JURY-BEGRÜNDUNG --

Dieser Hersteller von „Brauner Ware" hat sich in einer höherpreisigen Nische angesiedelt. Seinen Handelspartnern stellt er eine Premium-Home-Cinema-Anlage in einer dreistufigen emotionalen Promotion vor. Diese besteht aus: Einladung (wurde ebenfalls separat eingereicht), Veranstaltung mit DVD-Präsentation und Übergabe eines Reisetagebuches. Die Integration des Systems in die Reiseberichterstattung ist unaufdringlich und attraktiv umgesetzt.

Ungewöhnlich ist der eher bei Endverbraucher-Kampagnen übliche Schwerpunkt auf Bildern und textlicher Beschreibung der Reise (World Experience), der den Händler einfängt und seine Stellung als Partner der Marke bestätigt.

TITEL --	AUFTRAGGEBER --	AGENTUR --				ZIELGRUPPE --
MAYBACH MATERIALS	DaimlerChrysler AG	√ TC GRUPPE GmbH Target Communications		**Konzept/Beratung** **Projektmanagement** **Fotografie/Illustration** **Produktion**	*Bettina Lehmann / Hartmut Sander* *Sonia Dean / Jari Pfander* *Martin Schäuble / René Staud* *Anja Geib, TC GRUPPE GmbH / Factory 7*	Käufer und Interessenten
	verantwortlich *Leon Hustinx* *Thomas Schuhmacher* *Hans-Diether Engelhard*	**CD** **AD** **Text**	*Christian Crämer* *Jeanette Blaum / Daniela Deeg* *Bettina Lehmann*	**Satz** **Litho** **Druck**	*TC GRUPPE GmbH* *eder GmbH* *ColorDruck Kurt Weber GmbH*	

KATEGORIE -- **PROSPEKTE** -- **BROSCHÜREN** -- **SALES FOLDER FÜR PUBLIC RELATIONS**

KOMMUNIKATIONSZIEL --

Aufgabe: Erstellung eines hochwertigen Give Aways zur Beratung und Emotionalisierung der Kunden, Kommunikation der Individualisierungskompetenz der Maybach Manufaktur.

Umsetzung: Kreiert wurde eine elegante Ledermappe mit exklusiv produzierten Materialproben (Holz, Leder, Lackfächer) und einer Broschüre zur emotionalen und haptischen Vermittlung der jeweiligen Materialeigenschaften. Die mit einer hochwertigen Maybach Prägung versehene Mappe lässt sich als stilvolle Business-Mappe verwenden, da die Materialfächer auf Organizer-, Handy- bzw. Business Card Abmessungen ausgelegt wurden.

Ziel: Akquisition, Produktinformation, haptisch-sinnliches Erleben der im Maybach verwendeten Materialien, Unterstützung des Konfigurationsprozesses sowie der Beratungstätigkeit der Maybach Kundenberater.

JURY-BEGRÜNDUNG --

Es handelt sich um eine Ledermappe für den potenziellen und solventen Käufer dieser Luxuslimousine. Die Originalmaterialien Holz/Stein/Leder/Lackierungen – in einer Ledermappe mit Zweitnutzen auf hohem qualitativem Niveau – wecken Emotionen und ermöglichen haptische Erlebnisse.
Die Herkunft und handwerkliche Verarbeitung der Materialien sind in Bild und Sprache hervorragend in einem Buch, das der Mappe beigefügt ist, umgesetzt.
Eine weitere Besonderheit: das partiell verwendete Umschlagpapier dieses Buches ist so speziell, dass es die Lederhaptik der Mappe konsequent fortsetzt.

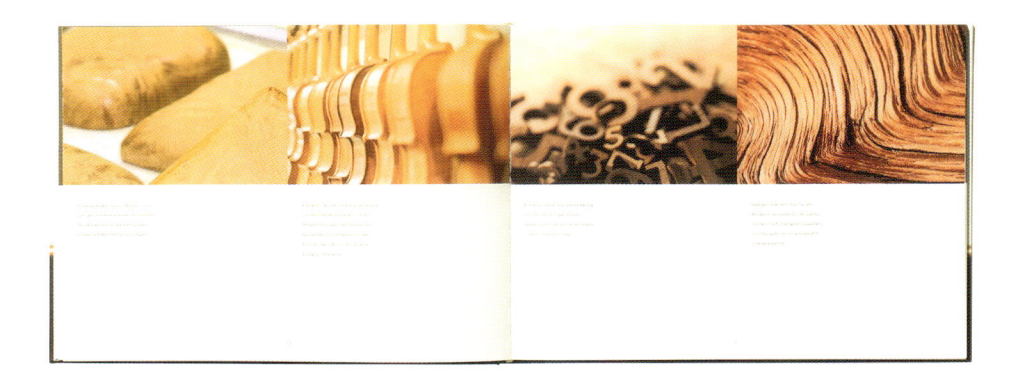

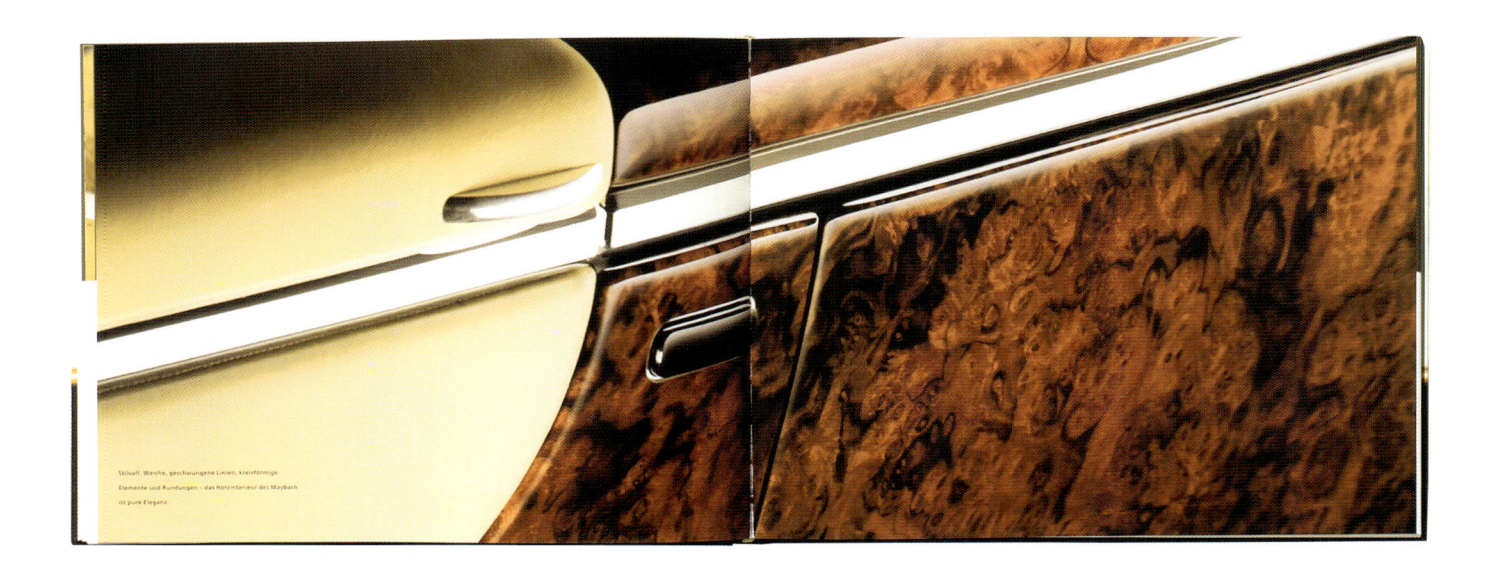

GOLD SILBER **BRONZE** DIPLOM

b

92 — 93

bronze

DIE KATEGORIEN
1 X -- GESCHÄFTSBERICHTE -- UMWELTBERICHTE
1 X -- PROSPEKTE -- BROSCHÜREN -- DOKUMENTATIONEN FÜR WERBUNG
1 X -- PROSPEKTE -- BROSCHÜREN -- DOKUMENTATIONEN FÜR PUBLIC RELATIONS
1 X -- PROSPEKTE -- BROSCHÜREN -- SALES FOLDER FÜR VERKAUFSFÖRDERUNG
1 X -- KATALOGE FÜR WERBUNG -- VERKAUFSFÖRDERUNG
1 X -- KUNDENZEITSCHRIFTEN
1 X -- MITARBEITERZEITUNGEN -- WERKZEITSCHRIFTEN UND -ZEITUNGEN

-- DIE GEWINNER

MONTFORT FINANCIAL GMBH/CROSSCOM GROUP
-- Geschäftsbericht der GILDEMEISTER AG

FACTOR DESIGN AG
-- Neugierig 3, Das Buch über Kommunikations- und Grafik Design

KONZEPTION X DESIGN GBR, KÖLN /
OLIVER SCHROTT KOMMUNIKATION GMBH, KÖLN
-- Eine Reise zu Lande, zu Wasser und in der Luft.

MEIRÉ UND MEIRÉ AG
-- MEM Salesfolder

KMS TEAM GMBH
-- Publikumskatalog der Pinakothek der Moderne

MEIRÉ UND MEIRÉ AG
-- Iserlohn

ADE HAUSER LACOUR KOMMUNIKATIONSGESTALTUNG GMBH
-- go ahead _ >>

GOLD　SILBER　BRONZE　DIPLOM

b

94 -- 95

KATEGORIE -- **GESCHÄFTSBERICHTE -- UMWELTBERICHTE**

TITEL --	AUFTRAGGEBER --	AGENTUR --		ZIELGRUPPE --
GESCHÄFTSBERICHT DER GILDEMEISTER AG	GILDEMEISTER Aktiengesellschaft	√ Montfort Financial GmbH/ Crosscom Group		Aktionäre, Investoren und Interessenten
		Agenturleitung	*Ing. Dieter Schlierenzauer*	

KOMMUNIKATIONSZIEL --

Der Geschäftsbericht des GILDEMEISTER-Konzerns ist, als bedeutender Imageträger, integraler Bestandteil der Unternehmenskommunikation. Unter dem durchgängig eingesetzten Claim/key wording „Global.Technologie.Wachstum." werden, in Ergänzung zu den für einen Geschäftsbericht gesetzlich vorgeschrieben Inhalten, die verschiedensten Aspekte von Unternehmen, Markt und Wettbewerb thematisiert. Stilmittel sind Aussagen zur Vermittlung von Authentizität ebenso wie stark akzentuierte Kurztexte mit aphoristischem Charakter zu den jeweiligen Themenbereichen. Klar strukturierte Inhalte und eine zeitgemäße Gestaltung in Kombination mit hochwertiger People-Fotografie und überraschenden Bildstrecken zeugen von fortschrittlicher Unternehmenskultur und dem hohen Qualitätsanspruch im GILDEMEISTER-Konzern. Denn Finanzkommunikation wie wir sie verstehen und wie sie für den Rezipienten attraktiv – weil verständlich – ist, geht weit über die bloße Präsentation von Zahlen und Fakten hinaus. Vielmehr möchten wir Investoren, Wirtschaftsexperten und der interessierten Öffentlichkeit das authentische Bild eines seriösen und dabei lebendigen Unternehmens mit echten Zukunftschancen vermitteln. Im Spannungsfeld von Information und Emotion wird der Geschäftsbericht zur spannenden Lektüre und zum Nachschlagewerk in Sachen Corporate Culture.

JURY-BEGRÜNDUNG --

Eine Maschinenfabrik gibt in eindrucksvoller Struktur und Aufmachung einen spannenden Bericht ihrer Tätigkeiten. Angenehm lesbare Texte vermitteln Einblicke in die Kompetenz und Leistungsfähigkeit des Unternehmens. Ein funktionales Arbeitsbuch, das Stake- und Shareholder des Unternehmens gern in die Hand nehmen werden.

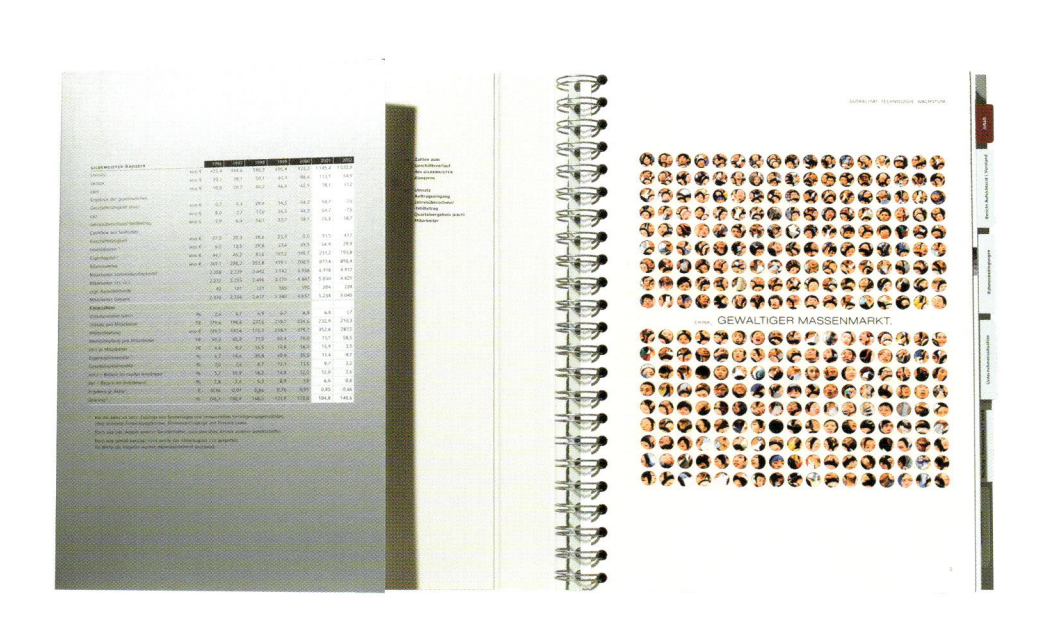

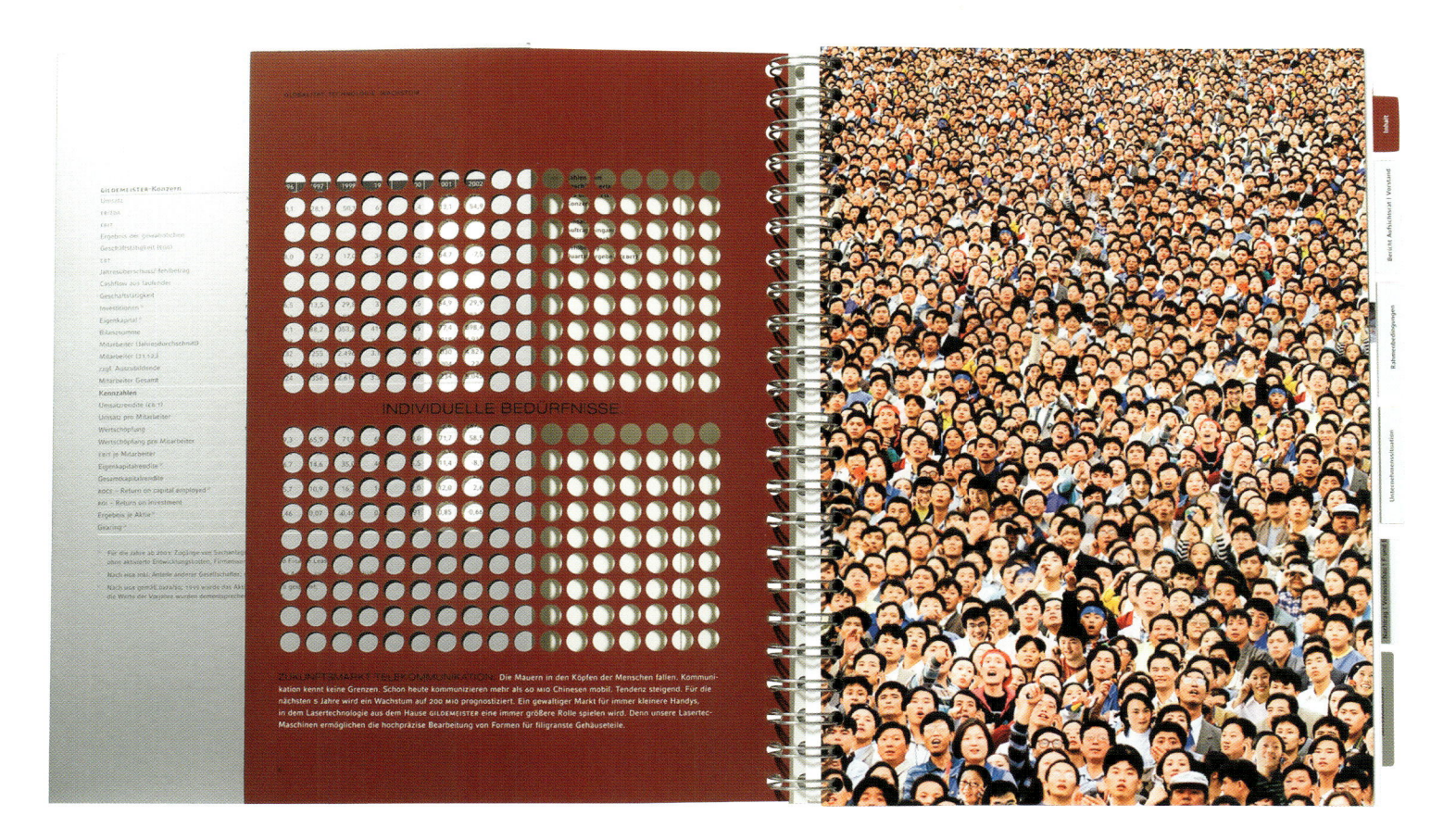

GOLD SILBER BRONZE DIPLOM

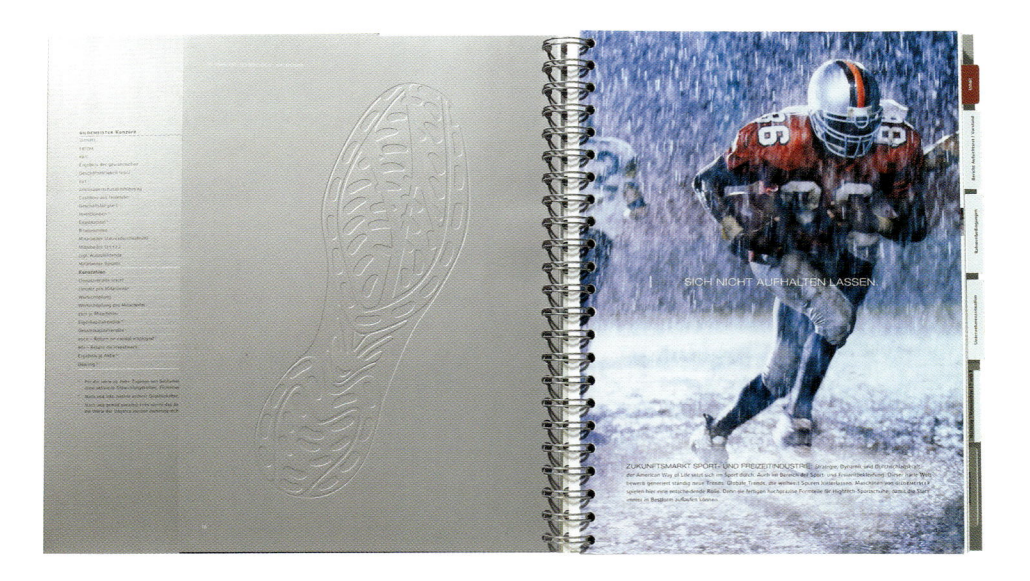

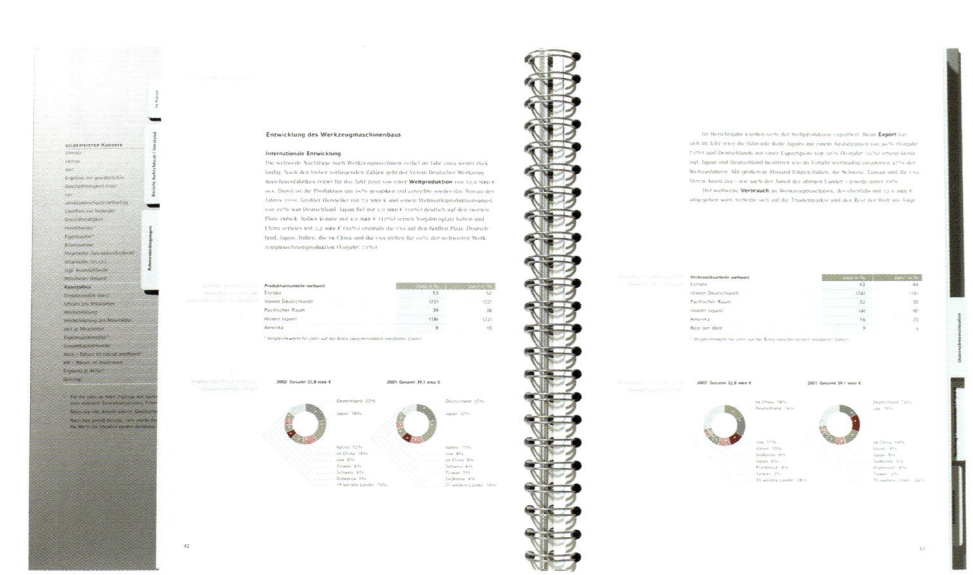

b

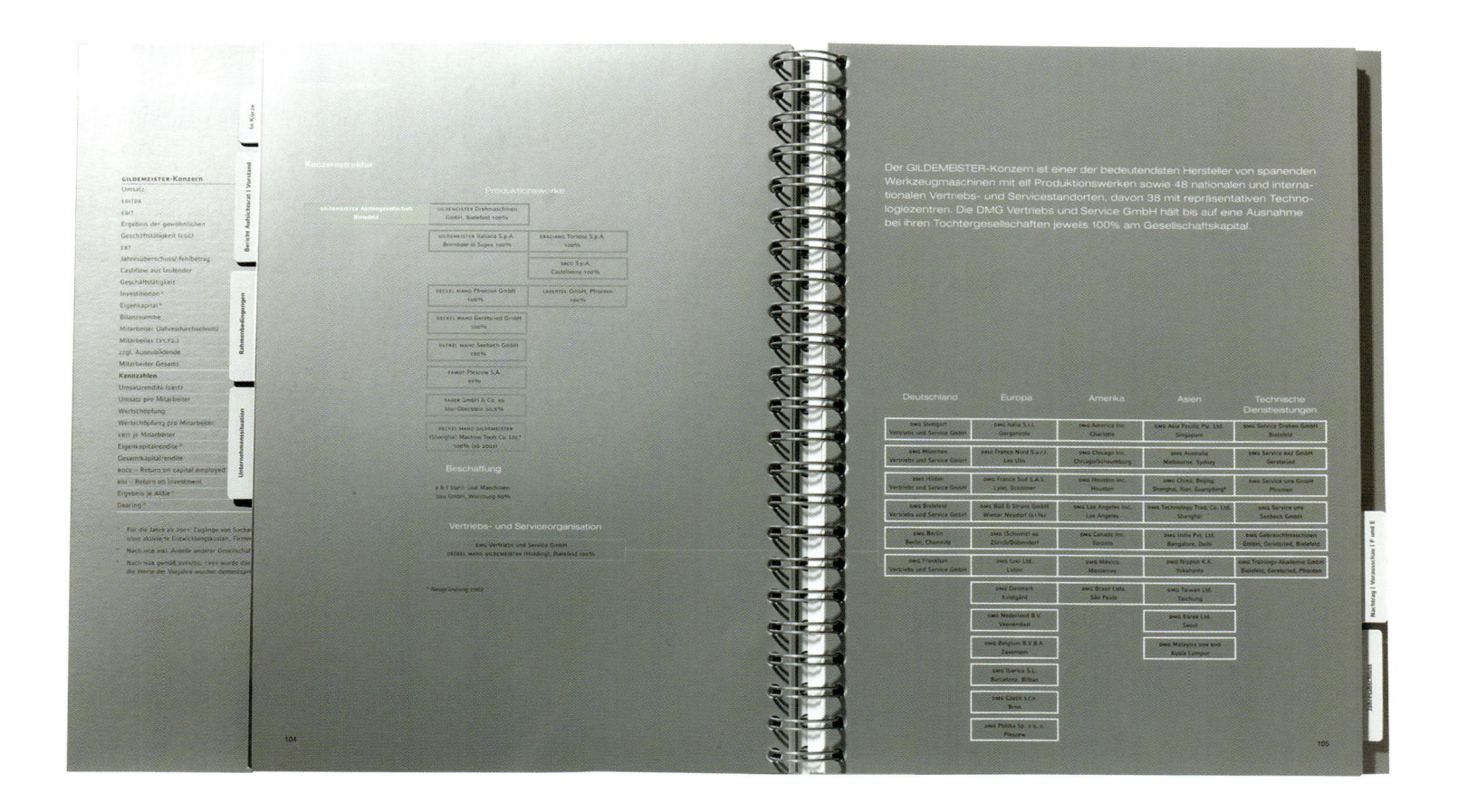

Der GILDEMEISTER-Konzern ist einer der bedeutendsten Hersteller von spanenden Werkzeugmaschinen mit elf Produktionswerken sowie 48 nationalen und internationalen Vertriebs- und Servicestandorten, davon 38 mit repräsentativen Technologiezentren. Die DMG Vertriebs und Service GmbH hält bis auf eine Ausnahme bei ihren Tochtergesellschaften jeweils 100% am Gesellschaftskapital.

„DURCH UNSER INTEGRIERTES MARKETING ERFOLGT DIE KOMMUNIKATION GLOBAL ÜBER MEHRERE PLATTFORMEN."

„DIE INTERNATIONALE AUSRICHTUNG UNSERES KONZERNS SPIEGELT SICH AUCH IN UNSERER TRAININGS-AKADEMIE WIDER."

KATEGORIE -- **PROSPEKTE** -- **BROSCHÜREN** -- **DOKUMENTATIONEN FÜR WERBUNG**

TITEL --	AUFTRAGGEBER --	AGENTUR --				ZIELGRUPPE --
NEUGIERIG 3, DAS BUCH ÜBER KOMMUNIKATIONS- UND GRAFIK DESIGN	Factor Design AG / Verlag Hermann Schmidt Mainz		√ Factor Design AG	Litho	Einsatz / Universitätsdruckerei Mainz	Designer und Marketing-verantwortliche
		CD	Johannes Erler			
		AD	Christian Tönsmann	Druck / Weiter-verarbeitung	Universitätsdruckerei Mainz	
		Text	diverse			
		Fotografie	Heribert Schindler			
		Illustration	Fritzi Kurkhaus			
		Produktion / Satz	Factor Design AG			

KOMMUNIKATIONSZIEL --
Kontakt zwischen Designern und Marketingverantwortlichen.

JURY-BEGRÜNDUNG --
Saubere konzeptionelle und typografische Lösung einer Präsentation für ein in der Kommunikationsbranche ebenso etabliertes wie bestens verbreitetes Druckwerk. Hier präsentiert sich nicht nur die Spitze der Designszene. Ein konsequent umgesetztes Konzept und bestes Design – Bronze.

KATEGORIE -- PROSPEKTE -- BROSCHÜREN -- DOKUMENTATIONEN FÜR PUBLIC RELATIONS

TITEL --	AUFTRAGGEBER --	AGENTUR --		ZIELGRUPPE --
EINE REISE ZU LANDE, ZU WASSER UND IN DER LUFT.	DaimlerChrysler Communications, Stuttgart	Konzeption x Design GbR, Köln / Oliver Schrott Kommunikation GmbH, Köln		B2B
		AD	Rüdiger Quass von Deyen, K+D	
		Grafik	Yvonne Voss, K+D	
		Kontakt/Beratung	Andre Kau-Gravert, OSK	

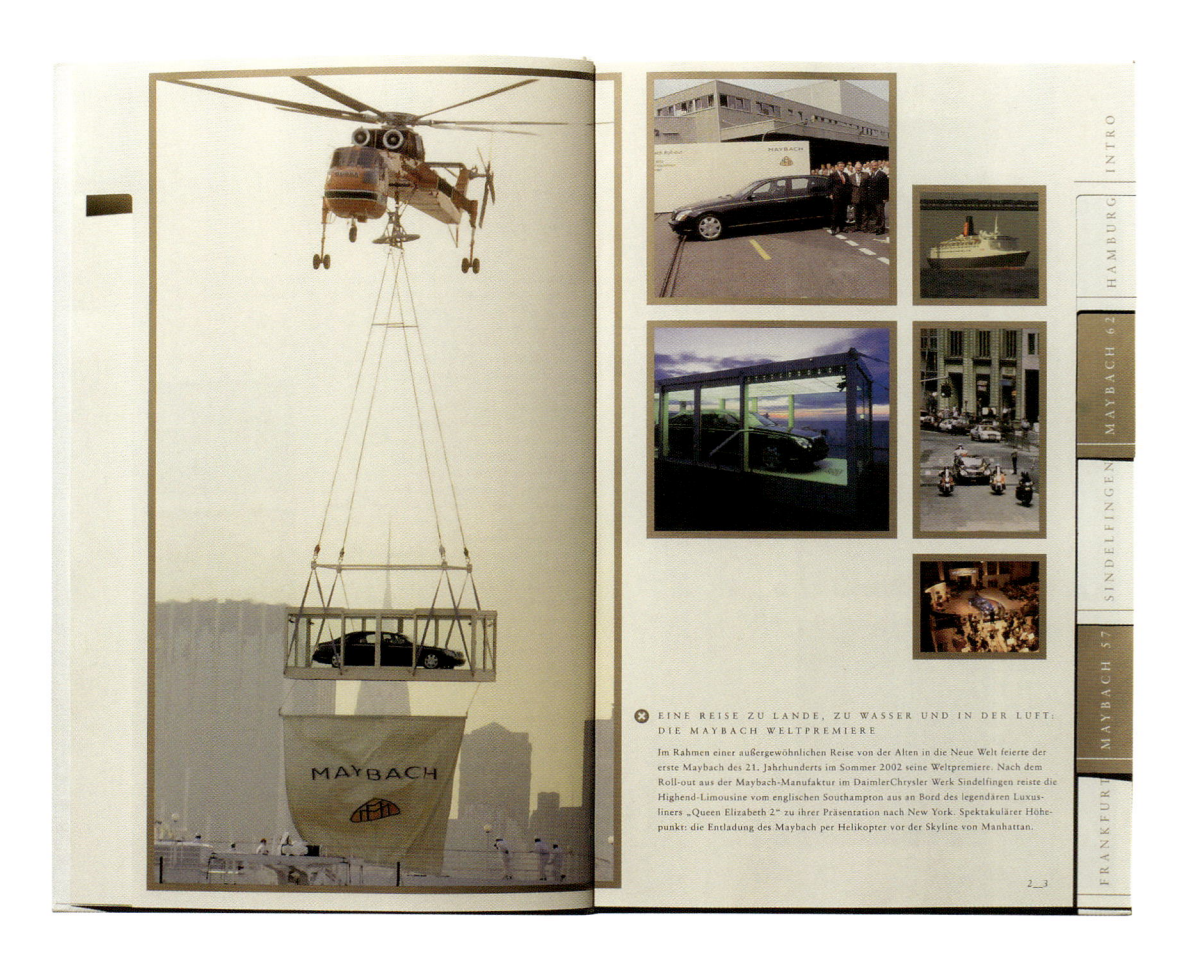

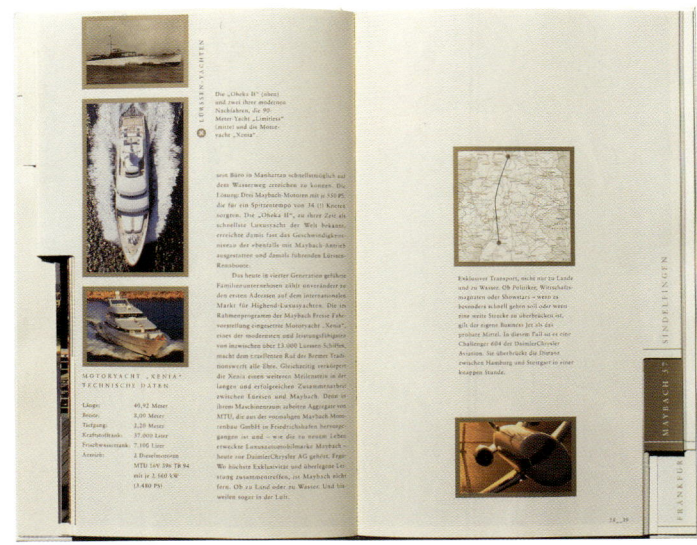

KOMMUNIKATIONSZIEL --

Public Relations, gezielte Ansprache von Journalisten als Multiplikatoren der Markenpositionierung.

JURY-BEGRÜNDUNG --

Der Media-Guide ist eine konsequente Weiterentwicklung des Markenauftritts von Maybach für die Zielgruppe meinungsbildende Journalisten. Mit Information und zielgruppenaffiner Faszination wird in einer ausgewogenen Mischung aus Emotion und Information die außergewöhnliche Markenwelt vermittelt: gekonnt, stilvoll und unaufdringlich. Neben der liebevollen Gestaltung trifft die Tonalität von Bild und Text den Nerv der Zielgruppe.

METROPOLE DES GELDES

In der Mainmetropole haben 336 Kreditinstitute, darunter 196 Auslandsbanken aus 46 verschiedenen Ländern, ihr Domizil aufgeschlagen. Das Geschäftsvolumen beläuft sich auf sagenhafte 2.072,5 Milliarden Euro. Die Banken alleine beschäftigen rund 79.000 Menschen. Darüber hinaus sind am Ort über 160 Versicherungen und etwa 5.000 Finanzdienstleister ansässig.

Mit einem Umsatzanteil von 85 Prozent, das sind mehr als fünf Billionen Euro jährlich, ist die 1585 gegründete Frankfurter Wertpapierbörse (FWB) die mit Abstand größte der acht deutschen Börsen. Weltweit steht sie – hinter der New York Stock Exchange (Nyse) und der National Association of Securities Dealers Automated Quotation (Nasdaq) – an dritter Stelle. Nicht nur in der Geldvermehrung, auch in der „Geldvernichtung" ist Frankfurt ungeschlagen: 2001 schickte die Deutsche Bundesbank 260,9 Milliarden Mark durch den Reißwolf, fast dreimal mehr als im Jahr zuvor. Allerdings erregte diese Shredder-Aktion kein großes Aufsehen: Denn der unverhältnismäßig hohe Betrag resultierte aus der Währungsumstellung auf den Euro.

FRANKFURT

TITEL --	AUFTRAGGEBER --		AGENTUR --		ZIELGRUPPE --
MEM SALESFOLDER	Aloys F. Dornbracht GmbH & Co. KG, Armaturenfabrik		CD	√ Meiré und Meiré AG	Sanitärfachhandel, Vertriebsmitarbeiter
	Leitung PR und Kultur-kommunikation	*Holger Struck*		*Mike Meiré / Katja Fössel*	
	Leitung Unternehmens-kommunikation	*Maximilian Philippi*			

KATEGORIE -- **PROSPEKTE** -- **BROSCHÜREN** -- **SALES FOLDER FÜR PUBLIC RELATIONS**

MEM

/: Work in Progress. (_www.dornbracht-mem.com)

Deutsch 02 - 25
Nederlands 26 - 49
Français 50 - 73

KOMMUNIKATIONSZIEL --
-- Sensibilisierung für die neueste Entwicklung aus dem Hause Dornbracht, die keine reine Produktentwicklung, sondern auch eine Bewusstseinsentwicklung ist.
-- Darstellung des Konzepts der Reise in das Innere.
-- Darstellung konkreter Verkaufsargumente.

JURY-BEGRÜNDUNG --
Die Dornbracht Armaturenfabrik gibt dem Sanitärfachhandel und Badplanern einen im Aufbau gut strukturierten – dreisprachigen – Salesfolder an die Hand.
Konsequent wird der Verkäufer mit seinem potenziellen Endkunden von der Konzeption, über die Materialien und die Accessoires zum Baderlebnis geführt (Badezimmer wäre zu profan).
Der Abbinder – hier Essenz genannt – liefert noch einmal die Argumente, die die Begeisterung des Kunden wecken und ihn überzeugen sollen.

GOLD **SILBER** BRONZE DIPLOM

b

KATEGORIE -- **KATALOGE FÜR WERBUNG** -- **VERKAUFSFÖRDERUNG**

TITEL --	AUFTRAGGEBER --				DESIGNBÜRO --		ZIELGRUPPE --
PUBLIKUMSKATALOG DER PINAKOTHEK DER MODERNE	**verantwortlich**	Pinakothek der Moderne	**Konservatorin Produktionsleitung**	*Prof. Dr. Winfried Nerdinger*[4] *Prof. Dr. Florian Hufnagl*[5] *Dr. Andrea Pophanken Dr. Maria Platte / Marcus Muraro (DuMont Literatur und Kunst Verlag)*	**CD** **AD** **Grafik** **Projektmanagement**	√ KMS Team GmbH *Michael Keller Sabine Thernes Marion Fink / Xuyen Dam / Marc Ziegler Eva Rohrer / Constanze Knoesel*	Kunsthistoriker, internationale Museumsfachleute, Künstler, Kunstinteressierte, Museumsbesucher
		Prof. Dr. Reinhold Baumstark[1] *Prof. Dr. Carla Schulz-Hoffmann*[2] *Dr. Michael Semff*[3]					

[1] Generaldirektor der Bayerischen Staatsgemäldesammlungen
[2] Stellvertretende Generaldirektorin der Bayerischen Staatsgemäldesammlungen
[3] Leitender Direktor der Staatlichen Graphischen Sammlung
[4] Direktor des Architekturmuseums der Technischen Universität München
[5] Leitender Sammlungsdirektor der Neuen Sammlung, Staatliches Museum für angewandte Kunst

KOMMUNIKATIONSZIEL --

Für die im September 2002 eröffnende Pinakothek der Moderne in München war der Publikumskatalog in fünf Sprachversionen zu gestalten.

Das neue Museum vereint vier unabhängige, jeweils international bedeutende Sammlungen der Bereiche Kunst, Graphik, Architektur und Design. Um diese Vielfalt nicht unzulässig zu verzerren, entschieden wir uns für einen stark reduzierten Umschlagsentwurf, der nur den Namen und das viergeteilte Logo zeigt. Für den Hintergrund wählten wir eine Farbpalette aus fünf zurückgenommenen Tönen (grau/dunkles Pastell) für die jeweiligen Sprachen, die dem „neutralen" Chrarakter des Logo-Grau entsprechen.

Für den Satzspiegel legten wir die im Logo enthaltene Vierteilung als formales Prinzip zugrunde. Jeder der vier Sammlungen ist ein Viertel der Seitenfläche zugewiesen (Kunst: links oben, Graphik: rechts oben, Architektur: rechts unten, Design: links unten); im jeweiligen Kapitel werden auf dem entsprechenden Viertel rechtsseitig die Abbildungen (mit Ausnahme ganzseitiger Bilder), linksseitig die Bildlegenden gesetzt, während der Fließtext (in größerem Schriftgrad) die restliche Fläche einnimmt. Dadurch entsteht ein graphisches Orientierungssystem, welches das Zusammenspiel der vier unabhängigen Institutionen innerhalb des Museums symbolisiert.

JURY-BEGRÜNDUNG --

Sicher: Wer vor einem Jahr beim Corporate Design Preis den Spitzenplatz belegt hat, der sollte es auch bei nachfolgenden Produktionen können. Das muss aber nicht sein, wie wir alle wissen. Auch im vorliegenden Fall ist jedoch wieder ein konzeptionell guter Wurf gelungen: Der Katalog für die Pinakothek der Moderne ist ein ebenso schönes wie wertiges Ergebnis gemeinsamer Arbeit. Konsequent durchgezogen, erfährt das formale Prinzip der Vierteilung hier eine große Präsentation. Hier wird zusammengebracht, was den Besucher erwartet: Kunst, Grafik, Architektur, Design. Dem folgt das typografische Konzept. Bronze.

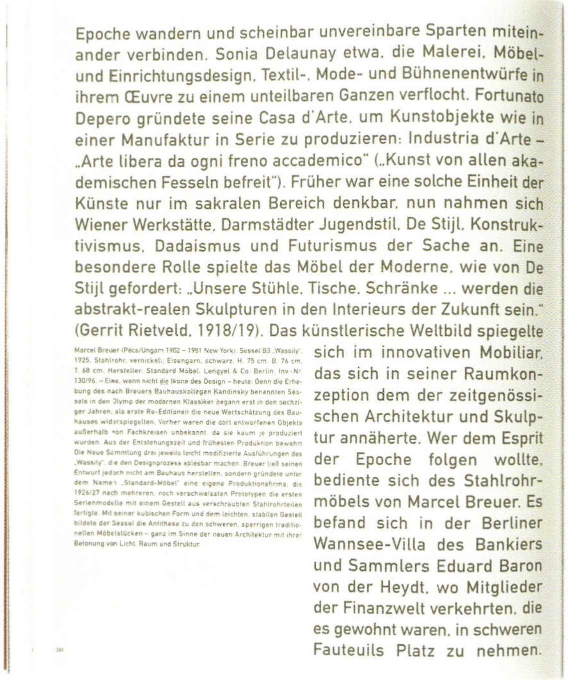

GOLD　SILBER　BRONZE　▶ DIPLOM

b

KATEGORIE -- **KUNDENZEITSCHRIFTEN**

TITEL --	AUFTRAGGEBER --		AGENTUR --		ZIELGRUPPE --
ISERLOHN	**Leitung PR und Kulturkommunikation** **Leitung Unternehmenskommunikation**	Aloys F. Dornbracht GmbH & Co. KG, Armaturenfabrik *Holger Struck* *Maximilian Philippi*	**Chief Editor/CD** **AD** **Associate Editor**	√ Meiré und Meiré AG *Mike Meiré* *Florian Lambl / Mike Meiré* *Stephanie Eckerskorn*	Internationale Meinungsbildner aus Architektur, Design und Kunst, internationale kunst- und kulturinteressierte Öffentlichkeit, Kunden, Presse

ISERLOHN
the Dornbracht Culture Projects
Vol. 1

ANUSCHKA BLOMMERS
& NIELS SCHUMM
MARK BORTHWICK
MARTIN BOYCE
MATALI CRASSET
KATHARINA GROSSE
MICHEL MAJERUS
MIKE MEIRE
YVES NETZHAMMER
GREGOR SCHNEIDER
JUERGEN TELLER
ROSEMARIE TROCKEL
BERNHARD WILLHELM

KOMMUNIKATIONSZIEL --

Kommunikation über die Produktebene hinaus.
Darlegung des kulturellen Selbstverständnisses des
Unternehmens, das sich über hochwertige Design- und
Manufakturwerte definiert. Umfassende Dokumentation
und Reflektion der zahlreichen Kunst- und Kulturprojekte
von Dornbracht in Form eines qualitativ anspruchsvollen
Magazins.

JURY-BEGRÜNDUNG --

Das Medium nimmt unmittelbaren Bezug auf Herkunft und Unternehmenszweck der Dornbracht-Gruppe. In hochwertiger, dem künstlerischen Anspruch gerecht werdender Form spricht „Iserlohn" seine Zielgruppe der Fans von Wellness-Tempeln in den eigenen vier Wänden an – ein Anwärter für ein Kultmedium.

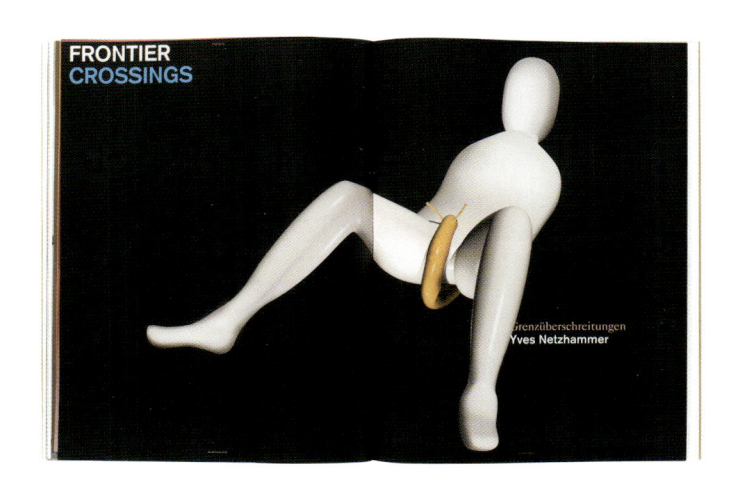

GOLD SILBER **BRONZE** DIPLOM

b

KATEGORIE -- **MITARBEITERZEITUNGEN --WERKZEITSCHRIFTEN UND -ZEITUNGEN**

TITEL --	AUFTRAGGEBER --	AGENTUR --	ZIELGRUPPE --
GO AHEAD__>>	Münchener Rückversicherungs-Gesellschaft	vade hauser lacour kommunikationsgestaltung gmbh	Mitarbeiter, international
Chefredaktion	*Sabine Siefen, verantwortl. Redakteurin*		

KOMMUNIKATIONSZIEL --

Mitarbeitermagazin der Münchener Rückversicherungs-Gesellschaft:

JURY-BEGRÜNDUNG --

Gelungene Fusion aus klassischem „Zahlen, Daten, Fakten von und für Mitarbeiter" mit regionalem Anspruch: Lesernähe bewusst als gelebte Wertschätzung. Gegenüber den Mitarbeitern wird in journalistisch und gestalterisch gelungener Form globales Selbstverständnis erlebbar umgesetzt. Die formale Gestaltung überrascht positiv in einer Branche, die ansonsten weniger „trendy" agiert.

d

110 -- 111

diplom

DIE KATEGORIEN
4 X -- PROSPEKTE -- BROSCHÜREN -- DOKUMENTATIONEN FÜR WERBUNG
10 X -- PROSPEKTE -- BROSCHÜREN -- DOKUMENTATIONEN FÜR PUBLIC RELATIONS
5 X -- PROSPEKTE -- BROSCHÜREN -- SALES FOLDER FÜR VERKAUFSFÖRDERUNG
6 X -- KATALOGE FÜR WERBUNG -- VERKAUFSFÖRDERUNG
1 X -- KUNDENZEITSCHRIFTEN
5 X -- GESCHÄFTSBERICHTE -- UMWELTBERICHTE
1 X -- MITARBEITERZEITUNGEN -- WERKZEITSCHRIFTEN- UND ZEITUNGEN

-- DIE GEWINNER

diplom Konzeption --
HARDY LAHN, BÜRO FÜR GESTALTUNG / MÜNCHEN
BERNSTEIN & BURKEL, BÜRO FÜR GESTALTUNG / NÜRNBERG
HILGER & BOIE, BÜRO FÜR GESTALTUNG / WIESBADEN
TANJA HIRSCHSTEINER, BÜRO FÜR KOMMUNIKATION / MÜNCHEN
-- NICI AG Geschäftsbericht

-- MAKSIMOVIC & PARTNERS AGENTUR FÜR WERBUNG UND DESIGN GMBH
-- SIPA Geschäftsbericht 2002
„Schlechter als morgen, besser als gestern"

-- ABRESCH PLUS WERBEAGENTUR GMBH
-- Abresch Eigenwerbung, 7stufiges Mailing

-- KLAUS WOLOWIEC
-- „Mit Kunst leben – Hommage Philip Rosenthal"

-- KUHN, KAMMANN & KUHN AG
-- 2002 +

-- KLEINER UND BOLD BRAND IDENTITY DESIGN GMBH
-- Patientenbroschüre-Kreiskrankenhaus Osterholz

-- E-FACT LTD., LONDON
-- Traumrouten

-- IN(CORPORATE COMMUNICATION + DESIGN GMBH
-- Sozialbilanz Rotes Kreuz Krankenhaus 2000/2001

-- HÄFELINGER + WAGNER DESIGN GMBH
-- adidas-Salomon AG, Passion for Sport

diplom Verkaufsförderung --
B+D GMBH AGENTUR FÜR VERKAUFSFÖRDERNDE KOMMUNIKATION
-- Blond Bandits

GOLD SILBER BRONZE **DIPLOM**

d

-- DIE GEWINNER

diplom Text -- **RED RABBIT GMBH /**
P. AGENTUR FÜR MARKENGESTALTUNG
-- ADC-Buch 02

diplom Grafik-Design -- **WERBUNG ETC. WERBEAGENTUR AG**
-- AXOR Presents Antonio Citterio

-- **POLLOCK KOMMUNIKATIONSDESIGN**
-- Berlin International

-- **MUTABOR DESIGN GMBH**
-- Mutabor 10 _ Grand Magasin / Zeitschrift für Gestaltung

-- **ART+WORK=WERBEAGENTUR GMBH**
-- Etwas Passendes

-- **HOCHSCHULE FÜR GESTALTUNG OFFENBACH**
-- sushi 5

-- **KMS TEAM GMBH**
-- GPC Biotech Geschäftsbericht 2002

-- **LIGALUX GMBH**
-- Lockstoffe in Theorie und Praxis

diplom Typografie -- **MUTABOR DESIGN GMBH**
-- Classen Noblesse_Papiermusterbuch

-- **KUHN, KAMMANN & KUHN AG**
-- ARAG Geschäftsbericht 2002 / Konzern

-- **LEONARDI.WOLLEIN VISUELLE KONZEPTE GBR, BERLIN**
-- UfU 53 themen und informationen

-- DIE GEWINNER

diplom Fotografie --   **BÜRO HAMBURG**
JK. PW. GESELLSCHAFT FÜR KOMMUNIKATIONSDESIGN MBH
-- Greenpeace Magazin

diplom Repro/Druck --   **UNIVERSITÄTSDRUCKEREI H. SCHMIDT GMBH & CO., MAINZ**
-- Das Geheimnis der Photographie

--   **TC GRUPPE GMBH TARGET COMMUNICATIONS**
IN KOOPERATION MIT DELIUS KLASING VERLAG
-- Maybach Bücheredition (Owners Edition)

--   **KLAUS WOLOWIEC**
-- „Business unusual"

--   **D,G,M WERBEAGENTUR GMBH & CO. KG**
-- AMG Gesamtkatalog „The Spirit of Success"

--   **E-FACT. LTD., LONDON**
-- Maybach – Träumen. Erwachen. Erfüllen.

--   **E-FACT. LTD., LONDON**
-- Die Limousinen der S-Klasse – Mercedes-Benz

diplom Buchbinderische --   **BJS WERBEAGENTUR GMBH, ESSEN**
Verarbeitung
-- Das Druckhaus mit Mehrwert /
Prospekte, Broschüren, Dokumentationen für Werbung

--   **RABAN RUDDIGKEIT, BERLIN**
-- Freistil – Best of German Commercial Illustration

--   **FACTOR DESIGN AG**
-- COR Gesamtkatalog 2003/04

--   **FACTOR DESIGN AG**
-- „las Vegas" – Römerturm Portfolio

GOLD SILBER BRONZE DIPLOM

d Konzeption

KATEGORIE -- GESCHÄFTSBERICHTE -- UMWELTBERICHTE

TITEL --	AUFTRAGGEBER --		AGENTUREN --		ZIELGRUPPE --
NICI AG GESCHÄFTSBERICHT	Leitung Vertrieb/ Marketing	NICI AG *Berndt Rüggemeier*	Hardy Lahn, Büro für Gestaltung München/ Bernstein & Burkel, Büro für Gestaltung Nürnberg/ Hilger & Boie, Büro für Gestaltung Wiesbaden/ Tanja Hirschsteiner, Büro für Kommunikation München		Kunden, Mitarbeiter, Analysten, Finanzpresse
			CD	*Hardy Lahn / Udo Bernstein*	
			AD	*Andrea Tinnes*	
			Text/Konzept	*Tanja Hirschsteiner*	

114 -- 115

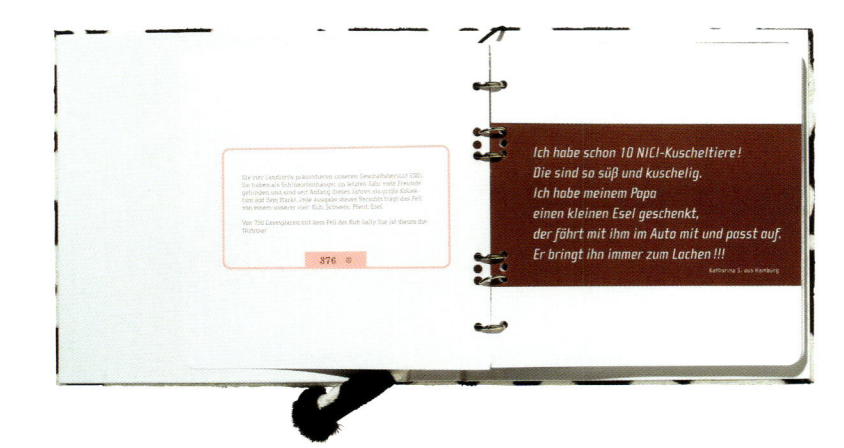

KOMMUNIKATIONSZIEL --

Darstellung des Konzerns und Vorstellung der Produktphilosphie, der Unternehmenszahlen und der neuen Produktlinie.

JURY-BEGRÜNDUNG --

Worum es bei der NICI AG geht, macht die „limited edition" des Geschäftsberichtes unmittelbar anfassbar: Der Plüscheinband führt sofort in die erfolgreiche Produktwelt der preiswerten fröhlichen Plüschtiere ein. Nach der Lektüre des herausnehmbaren Geschäftsberichtes kann der Einband per mitgeliefertem Ringbuchkalendarium noch lange bei Stake- und Shareholdern „mitwirken".

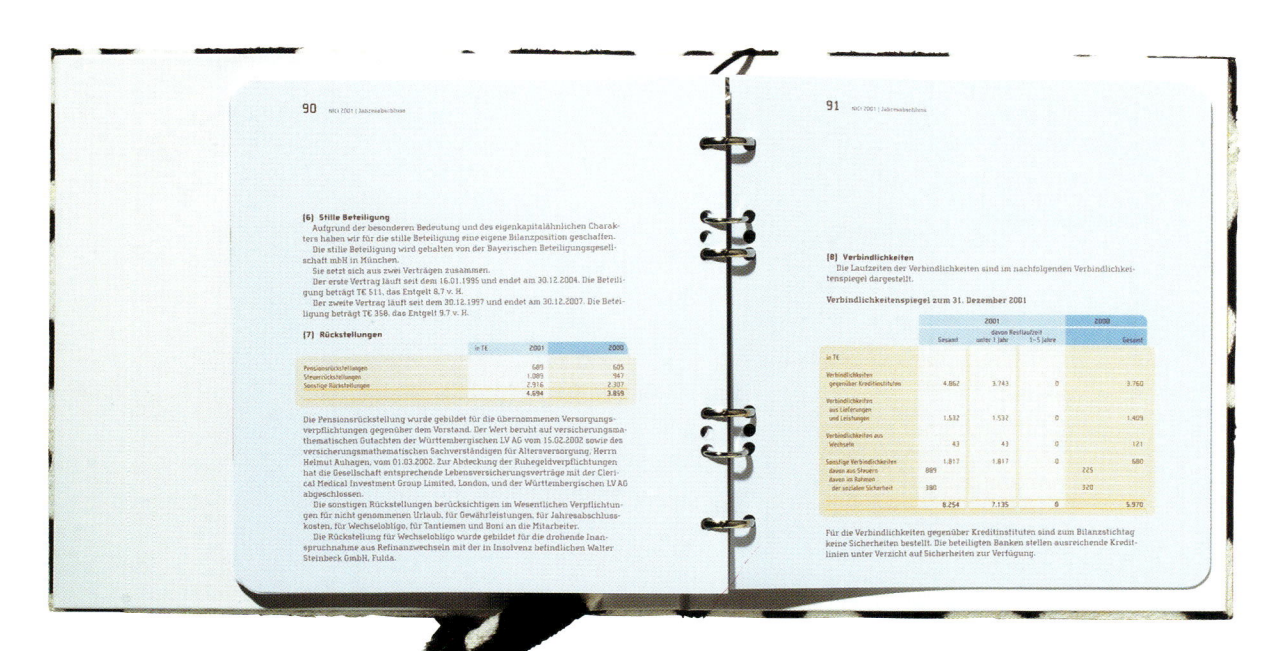

GOLD SILBER BRONZE DIPLOM

d Konzeption

KATEGORIE -- **PROSPEKTE -- BROSCHÜREN -- DOKUMENTATIONEN FÜR WERBUNG**

TITEL --	AUFTRAGGEBER --	AGENTUR --			ZIELGRUPPE --
SIPA GESCHÄFTSBERICHT 2002 „SCHLECHTER ALS MORGEN, BESSER ALS GESTERN"	SIPA Unternehmer Beratung GmbH	Maksimovic & Partners Agentur für Werbung und Design GmbH **CD** *Ivica Maksimovic* **AD** *Rita Thinnes* **Typo** *Rita Thinnes*	**Text** **Fotografie** **Produktion** **Druck**	*SIPA Unternehmer Beratung GmbH* *André Mailänder* *Rochus Siebert /* *SIRO Production* *Ottweiler Druckerei*	Multiplikatoren, Unternehmenslenker und Denker

KOMMUNIKATIONSZIEL --
Bericht über das vergangene Geschäftsjahr.

JURY-BEGRÜNDUNG --
Ein rundum gelungenes Konzept, Wer Kulturbesitz fördert, stellt Ansprüche. Hier haben Idee und Umsetzung eine hervorragende und höchst kommunikative Lösung gefunden - Glückwunsch an die Saar.

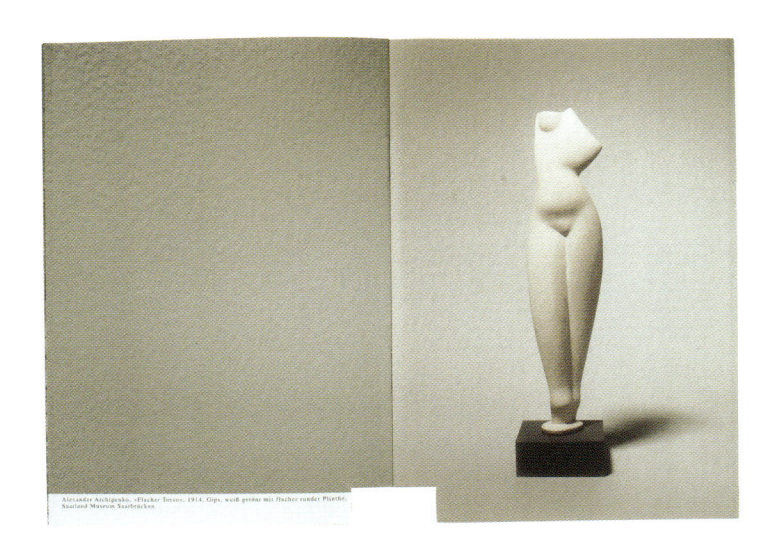

GOLD SILBER BRONZE DIPLOM

d **Konzeption**

TITLE --	AUFTRAGGEBER --	AGENTUR --		ZIELGRUPPE --
ABRESCH EIGENWERBUNG, 7-STUFIGES MAILING	**Geschäftsf. Gesellschafter GF/CD** ABRESCH plus Werbeagentur GmbH *Wendelin Abresch Jürgen Heymen*	**Gf. Gesellschafter GF/CD AD Konzeption Grafik Fotografie**	ABRESCH plus Werbeagentur GmbH *Wendelin Abresch Jürgen Heymen Michael Günster Paul Würschmidt Wolfgang Reuter Detlev Trefz*	„Hidden Champions" – mittelständische, erfolgreiche Markenartikler aller Branchen, ca. 500 ausgewählte Adressen

KOMMUNIKATIONSZIEL --

Darstellung der ABRESCH plus Werbeagentur als kompetenter Ansprechpartner, Partner für Markenführung.

JURY-BEGRÜNDUNG --

Das mehrstufige Directmail der ABRESCH plus Werbeagentur GmbH landet bestimmt nicht im Papierkorb. Es begeistert durch konsequente Umsetzung und punktgenaue Ansprache der Zielgruppe KMU (kleine und mittlere Unternehmen, Anm. d. Red.): die zu vermittelnde Kernkompetenz der Agentur – ein professioneller Umgang mit dem Asset „Marke" – wird sofort sichtbar. Die beiliegende Faxeinladung zum Dialog kann so leicht niemand ausschlagen.

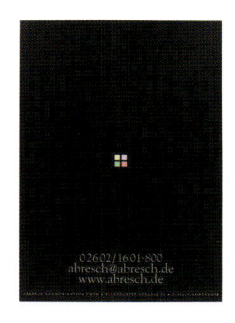

GOLD SILBER BRONZE DIPLOM

d **Konzeption**

KATEGORIE -- PROSPEKTE -- BROSCHÜREN -- DOKUMENTATIONEN FÜR PUBLIC RELATIONS

TITEL --	AUFTRAGGEBER --	AGENTUR --		ZIELGRUPPE --
„MIT KUNST LEBEN – HOMMAGE PHILIP ROSENTHAL"	Rosenthal AG	**Graphik**	Klaus Wolowiec *Klaus Wolowiec / P&S, Fürth*	Endverbraucher, Kunstsammler, Presse

KOMMUNIKATIONSZIEL --

Begleitender Katalog zur Ausstellung „Mit Kunst leben – Hommage Philip Rosenthal".

JURY-BEGRÜNDUNG --

Die die Ausstellung „Mit Kunst leben..." begleitende Broschüre besitzt eine Eigenständigkeit, die die überragende unternehmerische Persönlichkeit von Philip Rosenthal in ein faszinierendes Umfeld integriert. Weit über die Ausstellungsperiode hinaus wird diese Druckschrift Eingang in die persönlichen Archive von Porzellanliebhabern und Meinungsbildnern finden.

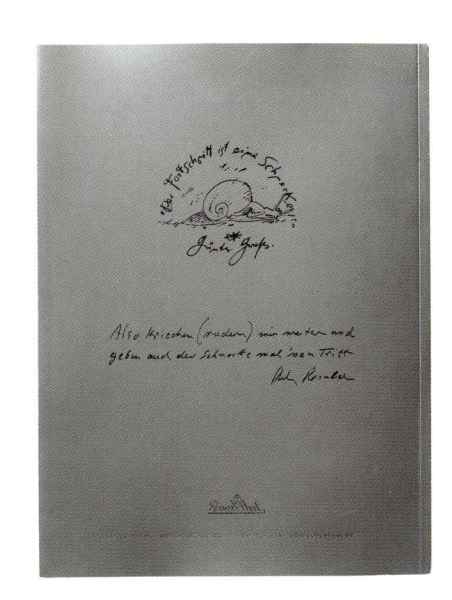

d Konzeption

KATEGORIE -- **PROSPEKTE -- BROSCHÜREN -- DOKUMENTATIONEN FÜR PUBLIC RELATIONS**

TITEL --	AUFTRAGGEBER --	AGENTUR --		ZIELGRUPPE --
2002 †	Kuhn, Kammann & Kuhn AG	√ Kuhn, Kammann & Kuhn AG CD AD Illustration	*Gerd Kammann Gunnar Collier / Jan-Piet van Endert Karsten Schley*	Klienten und Freunde

KOMMUNIKATIONSZIEL --

Statt Sekt oder Wein. – Die Jahresgabe von Kuhn, Kammann & Kuhn an ihre Klienten. Darüber hinaus der humorvolle Umgang mit der rabenschwarzen Börsensituation 2002.

JURY-BEGRÜNDUNG --

„Weniger ist mehr" – in Form gesammelter Presseclippings nehmen die Cartoons von Carsten Schley das Desaster im Börsenjahr 2002 mit gekonntem Strich aufs Korn. Die Agentur vermittelt ihren Kunden augenzwinkernd ihr professionelles Veständnis der financial community.

GOLD SILBER BRONZE DIPLOM

d Konzeption

KATEGORIE -- PROSPEKTE -- BROSCHÜREN -- DOKUMENTATIONEN FÜR PUBLIC RELATIONS

TITEL --	AUFTRAGGEBER --		AGENTUR --				ZIELGRUPPE --
PATIENTENBROSCHÜRE KREISKRANKENHAUS OSTERHOLZ	Stellv. Krankenhausleiterin Leiterin Controlling	Kreiskrankenhaus Osterholz *Susanne Behrens* *Julia Hill*	CD AD Text	kleiner und bold brand identity design GmbH *Tammo F. Bruns* *Sonja Jobs* *Jürgen Nees*	PM Fotografie Lithographie Druck	*Heike Bohmann, Josephine Röwekamp Michael Junghlut / Fotoetage Bremen LVD, Berlin Ruksaldruck, Berlin*	Patienten und einweisende Ärzte

KOMMUNIKATIONSZIEL --

Die Broschüre dient der Patienteninformation über Bereiche und Leistungen des Krankenhauses. Außerdem soll die Positionierung als Wohlfühlhaus im Grünen transportiert werden.

JURY-BEGRÜNDUNG --

Ein Krankenhaus präsentiert sich überzeugend als grünes Gesundheitshaus: „Ideale Voraussetzung für eine rasche Genesung". Der Patient wird zum umworbenen Kunden und erfährt alles rund ums Gesundheitshaus, einfach und verständlich erklärt. Die Publikation wirkt frisch, jung und GESUND. Im zunehmend privatisierten Gesundheitsmarkt ist das Kreiskrankenhaus Osterholz ein vitales Beispiel für Patientenorientierung.

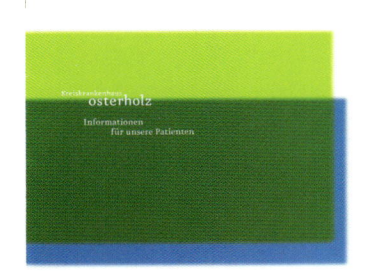

GOLD SILBER BRONZE DIPLOM

d Konzeption

KATEGORIE -- **KATALOGE FÜR WERBUNG -- VERKAUFSFÖRDERUNG**

TITEL --	AUFTRAGGEBER --		AGENTUR --		ZIELGRUPPE --
TRAUMROUTEN		DaimlerChrysler AG		✓ E-fact. Ltd., London	Mercedes-Benz Fahrer
	Werbeleitung	*Marc Frank*	**CD**	*Ruth Holden /*	
	Projektleitung	*Sanjay Sabnani*	**AD**	*Wolfgang Zimmerer* *Joanne Theobold*	

KOMMUNIKATIONSZIEL --

Ein Dankeschön von Mercedes-Benz an seine Kunden mit dem Ziel, sie noch enger an die Marke zu binden.

JURY-BEGRÜNDUNG --

Routen, die Sehnsucht machen. Bilder, die Sehnsucht vermitteln. Hilfsmittel (Karten), die Abenteuer versprechen. Das ist ein starkes Konzept.

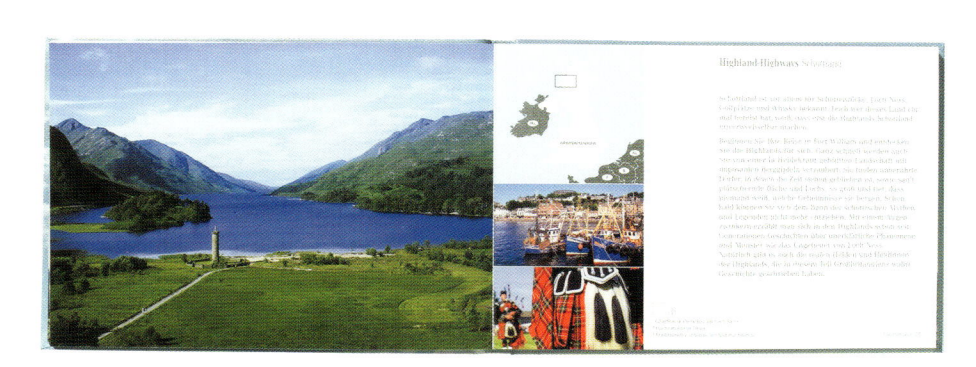

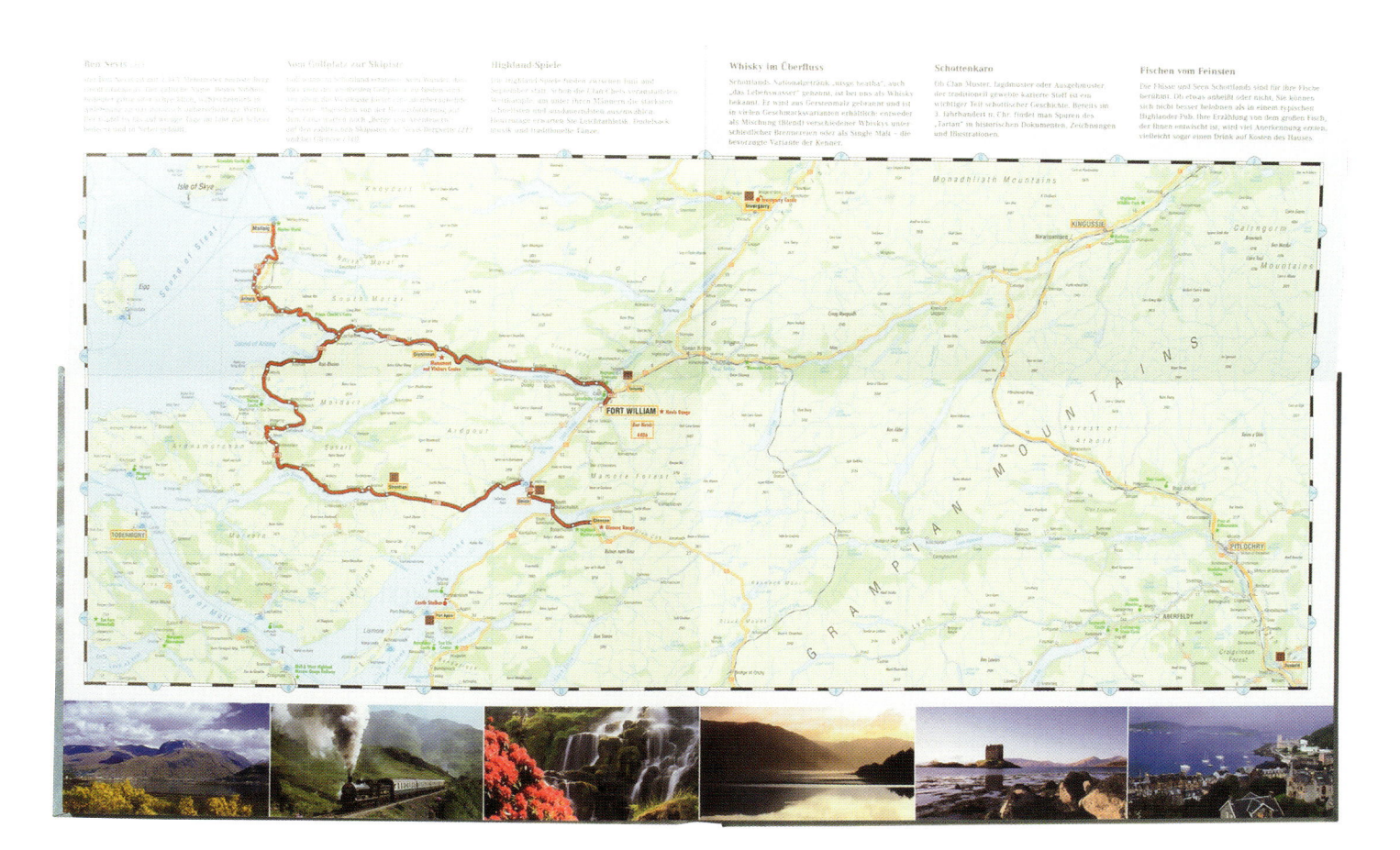

GOLD SILBER BRONZE DIPLOM

d Konzeption

KATEGORIE -- GESCHÄFTSBERICHTE -- UMWELTBERICHTE

TITEL --	AUFTRAGGEBER --	AGENTUR --			ZIELGRUPPE --
SOZIALBILANZ ROTES KREUZ KRANKENHAUS 2000/2001	Rotes Kreuz Krankenhaus, Bremen	√ in(corporate communication + design GmbH CD Karsten Unterberger AD Matthias Dörmann Text Jürgen Nees	(Kunden-) Beratung Fotografie Produktion Litho Druck	Karsten Unterberger Nicolai Wolff / Michael Jungblut in(corporate Raimund Stockhecker Asco-Druck	Städtische Einrichtungen, Kooperationspartner, Multiplikatoren in der Öffentlichkeit, Gremien, politische Parteien

KOMMUNIKATIONSZIEL --

Es werden zwei Ziele verfolgt. Zum einen die Absicherung des Hauses: Die mit der Darstellung von geprüften Zahlen geschaffene Transparenz geschäftlicher Prozesse – noch immer ungewöhnlich für ein Krankenhaus – hat eine stark vertrauensbildende Auswirkung, dient also der Sicherung des Patientenbestandes. Zum anderen die Festigung des innovativen Mediums im eigenen Hause. Die Einbindung von Testimonials aus den Reihen der eigenen Belegschaft schafft Identifikation und versinnbildlicht die Relevanz der Mitarbeiter für das Geschäft des Rotes Kreuz Krankenhauses.

Die Einbindung der eigenen Belegschaft gemäß dem Leitbildsatz „Unsere Mitarbeiter sind das Krankenhaus" soll authentisch und hautnah erfolgen. Auf den ganzseitigen Fotografien sind Mitarbeiter bei alltäglichen Tätigkeiten zu sehen. Unterstützt wird diese alltagsnahe Bildauffassung durch ein zweites ganzseitiges Foto mit einem eigenwilligen Still aus dem jeweiligen Arbeitsumfeld.

JURY-BEGRÜNDUNG --

Besonders gelungene Umsetzung eines Krankenhaus-Geschäftsberichts, dort Sozialbericht genannt. Hier wird die Chance genutzt, das „Gesundheitsunternehmen" RKK als Dienstleister mit Bewusstsein für Human Capital zu profilieren. Zukunftsweisender Ansatz im privatisierten Gesundheitsmarkt.

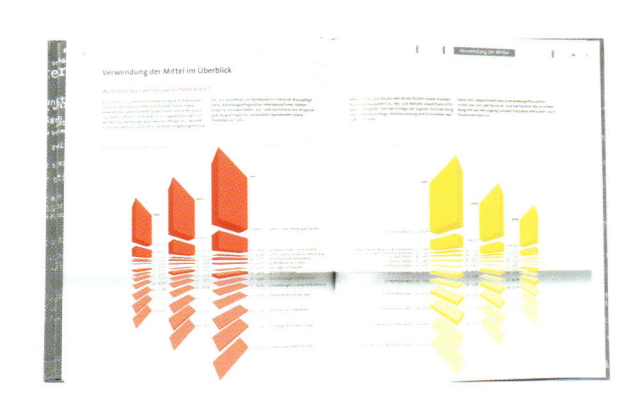

d Konzeption

KATEGORIE -- GESCHÄFTSBERICHTE -- UMWELTBERICHTE

TITEL --	AUFTRAGGEBER --	AGENTUR --				ZIELGRUPPE --
ADIDAS-SALOMON AG, PASSION FOR SPORT	adidas-Salomon AG		häfelinger+wagner design gmbh	Imagetexte Fotografie (Vorstand) Litho Druck	Otward Buchner Rainer Witzgall Adelgund Janik Druckerei Aumeier	Finanzwelt, Geschäftspartner, Interessenten, Mitarbeiter, Nachwuchskräfte
		CD	Annette Häfelinger / Frank Wagner / Kerstin Weidemeyer			
		Design	Kerstin Weidemeyer / Katharina von Hellberg			
		Kundenberatung / Kontakt	Annette Häfelinger / Frank Wagner / Kerstin Weidemeyer			

KOMMUNIKATIONSZIEL --

Mit der Neukonzeption zum Geschäftsbericht 2002 bekennt sich adidas-Salomon zu seinen traditionellen Werten Leidenschaft, Technologie und Leistung. Der Geschäftsbericht visualisiert diese Kernwerte illustrativ in einer Imagestrecke, den Kapiteleinstiegsseiten sowie auf den Produkt-Highlight-Seiten.

JURY-BEGRÜNDUNG --

„Passion für Sport" – ein Selbstverständnis, das zum Erfolg dieses Unternehmens führte. Das Konzept koppelt diesen Spirit und schlichte Fakten zu einer konsequenten Einheit. Selbst ein Daumenkino macht in diesem Geschäftsbericht kommunikativen Sinn.

d Verkaufsförderung

KATEGORIE -- PROSPEKTE -- BROSCHÜREN -- SALES FOLDER FÜR VERKAUFSFÖRDERUNG

TITEL --	AUFTRAGGEBER --		AGENTUR --				ZIELGRUPPE --
BLOND BANDITS		Wella AG	b+d Agentur für verkaufsfördernde Kommunikation gmbh, Köln		TEXT: BERATUNG: Geschäftsleitung Projektmanagement	*Hans Ulrich Ganser* *Gerd Corona* *Robin Steinweg*	Friseure und Endverbraucher
	Friseur Marketing International Farbe, Marketing Management	*Jan Föhrenbach*	KREATION: GF				
	Friseur Marketing International Kommunikation, Marketing Man.	*Klaus Nolte*	AD Junior AD	*Jörg Ribbeck* *Karoline Burgmann* *Christina Classen*			
	Junior-Produktmanagement	*Sandra Renz*	Reinzeichnung	*Britta Schmitz*			
	Produktmanagement Friseur Farbe	*Jessica Sartorius*	3D-Illustration	*Michael Hellweg*			

KOMMUNIKATIONSZIEL --

Friseure: Steigerung der Attraktivität im Bereich der Dienstleistung „Blond".
Endverbraucher: Erhöhung der Nachfrage einer Dienstleitung im Bereich Haarfarbe/Blondierung.
Allgemein: Stärkung des Trendanspruchs von Wella, Emotionalisierung des Markenbildes durch die Nutzung der Thematik „Blond", Darstellung der umfassenden Farbkompetenz.

JURY-BEGRÜNDUNG --

Einer durchgängigen Linie folgend, wird hier der Partner im Friseurhandwerk verkaufsfördernd unterstützt. Dessen Kundinnen werden animiert durch Einladungspostkarten, Schaufenster-Deko und Spiegelaufkleber.
Ein praktisches Handbuch mit glaubwürdigen Vorher-/Nachher-Aufnahmen und den handwerklichen Schritten bis zum Endergebnis runden die gelungene Maßnahme ab.

GOLD SILBER BRONZE **DIPLOM**

d Text

KATEGORIE -- **KATALOGE FÜR WERBUNG** -- **VERKAUFSFÖRDERUNG**

TITEL --	AUFTRAGGEBER --		AGENTUREN --		ZIELGRUPPE --
ADC-BUCH 02	**Projektleitung**	Art Directors Club Deutschland e.V. *Susann Schronen*	**CD** **CD**	√ Red Rabbit Leo Burnett/ P. Agentur für Markengestaltung *Eva Jung* *Lo Breier*	Menschen, die sich für Werbung und Gestaltung interessieren.

KOMMUNIKATIONSZIEL --

Dokumentation der Preisträger des ADC Wettbewerbs 2002.

JURY-BEGRÜNDUNG --

Text – vielfach vernachlässigt –, wird hier zum Anlass von Freude. Ein Beispiel, wie man auch begrenzte Textmenge qualitätsvoll und beispielhaft umsetzen kann.

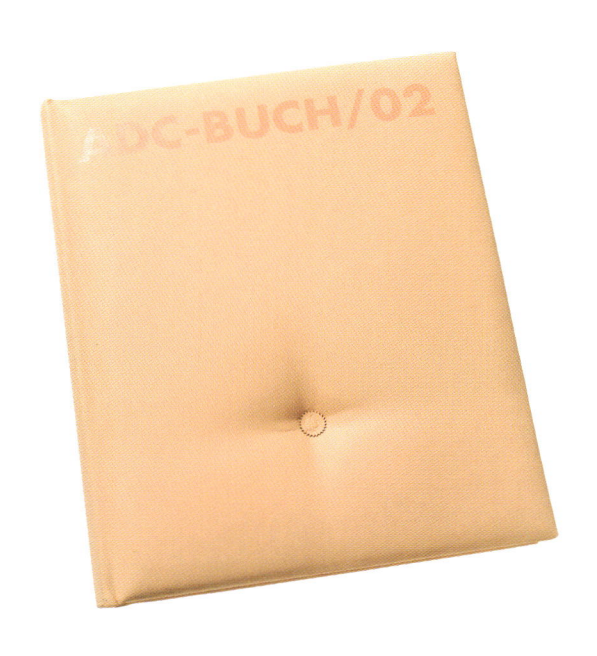

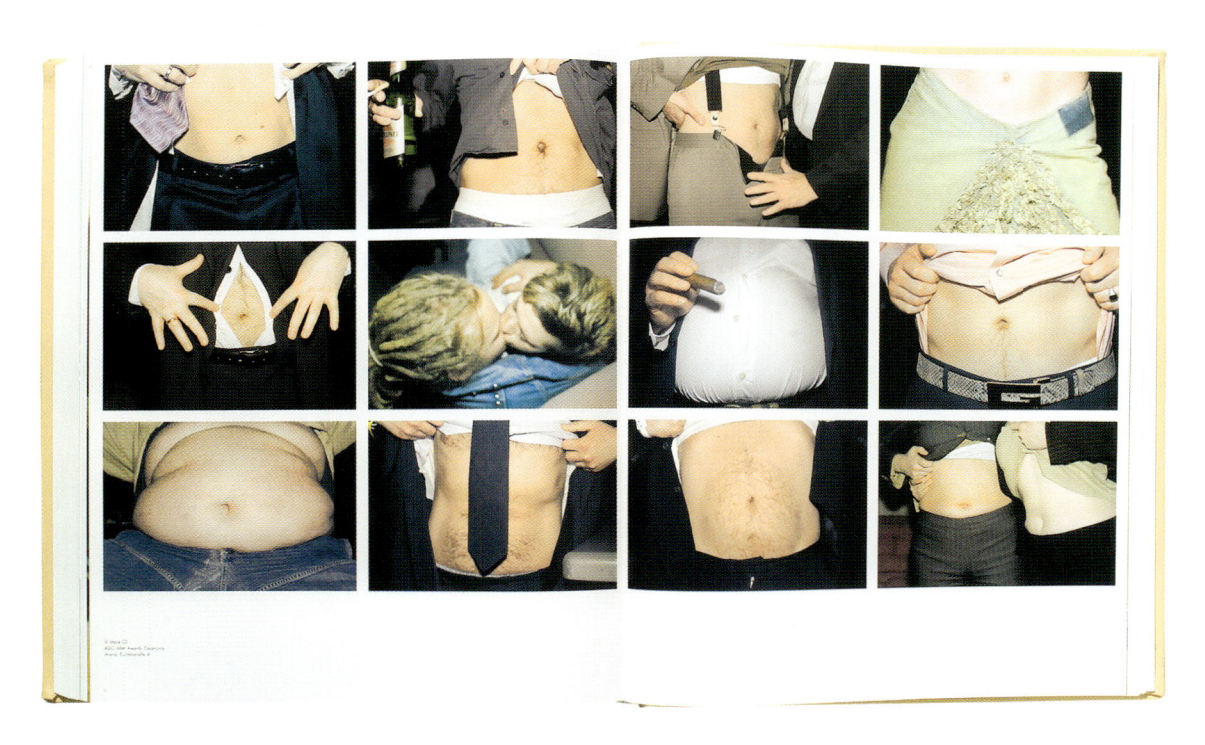

GOLD SILBER BRONZE DIPLOM

d **Grafik-Design**

KATEGORIE -- **PROSPEKTE -- BROSCHÜREN -- DOKUMENTATIONEN FÜR WERBUNG**

TITEL --	AUFTRAGGEBER --		AGENTUR --				ZIELGRUPPE --
AXOR PRESENTS ANTONIO CITTERIO	**Marke Axor** **Leitung**	Hansgrohe AG *Philippe Grohe*	CD AD Text	√ Werbung etc. Werbeagentur AG *Hans-Jürgen Fein Hans-Jürgen Fein Andreas Sauer*	**Kundenberatung** **Grafik** **Fotografie** **Produktion**	*Jutta Ikinger Sabine Knapp Gionata Xerra, Mailand / Uli Maier, Stuttgart Das Druckbüro*	Architekten, Innenarchitekten, Handel

KOMMUNIKATIONSZIEL --

Markteinführung einer Luxus-Badarmatur von Antonio Citterio für die Programm-Marke AXOR von Hansgrohe. In dieser Broschüre inszenieren wir eine elegante, moderne Badarchitektur, welche das ideale Ambiente für diese Armaturenlinie darstellt.

Ruhe und Großzügigkeit des Layouts unterstreichen das Gefühl für Luxus. Auch das bewusste Wahrnehmen von Styling und Materialien ist typisch für diese anspruchvolle Zielgruppe. Linke und rechte Bildseiten unterstützen sich gegenseitig und schaffen ein reizvolles optisches Spannungsverhältnis.

JURY-BEGRÜNDUNG --

Eine exzellente Kombination von Produkt- und Ambiente-Aufnahmen. Die Bildausschnitte sind außerordentlich sorgfältig ausgewählt und abgestimmt. Das puristische Produkt wurde durch eine auf den Kern reduzierte Typografie entsprechend in Szene gesetzt.

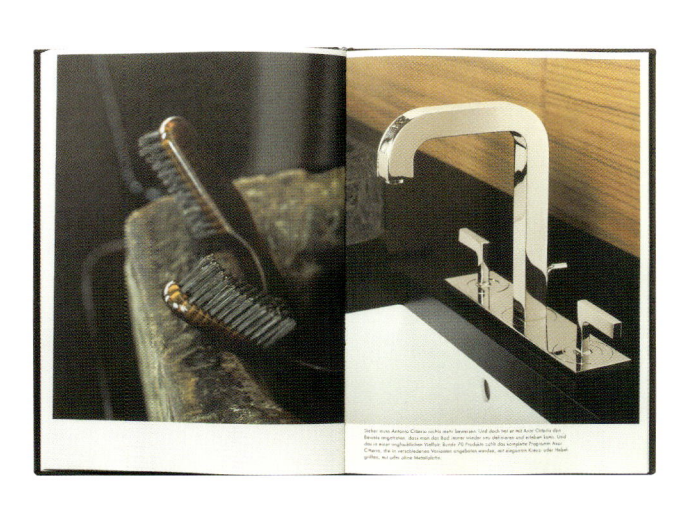

d Grafik-Design

KATEGORIE -- **PROSPEKTE -- BROSCHÜREN -- DOKUMENTATIONEN FÜR PUBLIC RELATIONS**

TITEL --	AUFTRAGGEBER --	AGENTUR --		ZIELGRUPPE --
BERLIN INTERNATIONAL	Pollock Kommunikationsdesign	Konzeption, Redaktion AD/Typografie Fotografie Druck	Pollock Kommunikationsdesign *Stephanie Hartung Britta Dumm Cornelis Gollhardt Druckerei und Verlag Otto Lembeck*	Die Publikation richtet sich an alle Interessierten aus Gesellschaft, Politik, Wissenschaft und Wirtschaft. Das vorliegende Exemplar wurde als Kundengeschenk für unseren Kunden Linklaters RAe gedruckt. Die Sozietät tritt deshalb hier als Herausgeberin auf.

KOMMUNIKATIONSZIEL --

Die vorliegende Publikation „Berlin International" hat das Kommunikationsziel, das gewachsene Wesen der Hauptstadt Berlin als sensible Nahtstelle politischer Überzeugungen und Systeme, gesellschaftlicher Strömungen, kultureller Welten und internationaler Interessen zu zeigen. Dies geschieht in der kommentarlosen Gegenüberstellung von Fotografie und Text unterschiedlichster Konvenienz. Die Aspekte sind hierbei: Bewegung und Orientierungslosigkeit, Vision und Anpassung, Begegnung und Leere, Schönheit und Realität, Wunsch und Bedrohung. Unter diesen Aspekten erscheinen Texte aus Kultur, Wissenschaft, Politik, Wirtschaft und Alltag. Texte russischer oder amerikanischer Herkunft erscheinen in der Originalsprache und in deutscher Übersetzung. Hiervon ausgenommen ist der Liedtext von Leonard Cohen, da die Musik eine Internationalität über die Sprache hinaus beansprucht. Die gewählte Bildsprache geschieht mit den Mitteln der Fotografie. Die Absicht hierbei ist die unvermittelte Konfrontation mit dem, „was ist". Dabei zeigen die Bilder ausschließlich unbekannte Ansichten bekannter Plätze und Motive. Die Gleichzeitigkeit an der Nahtstelle wird durch Spiegelungen, Durchblicke, Ausschnitte und betonte Perspektiven gezeigt. Die typografische Gestaltung lässt Raum für Gedanken, Assoziationen und Erinnerungen. Das Faktische der Gleichzeitigkeit wird unterstrichen durch den „tageszeitungsähnlichen" Spaltensatz. Außerdem wird der „durchscheinende" Charakter des gewählten Papiers durch das Spiel von Satzblöcken auf Vorder- und Rückseiten mit in die Gestaltung einbezogen. Die tageszeitungsähnliche Form auf der Basis des „Berliner Formats" unterstreicht die kurzfristige Aktualität gezeigter Motive.

JURY-BEGRÜNDUNG --

Großzügiger Umgang mit Bildern, Typografie, Fondflächen und Weißraum. Von Seite zu Seite wechselnd, wird die Typografie immer wieder überraschend als Gestaltungselement eingesetzt.

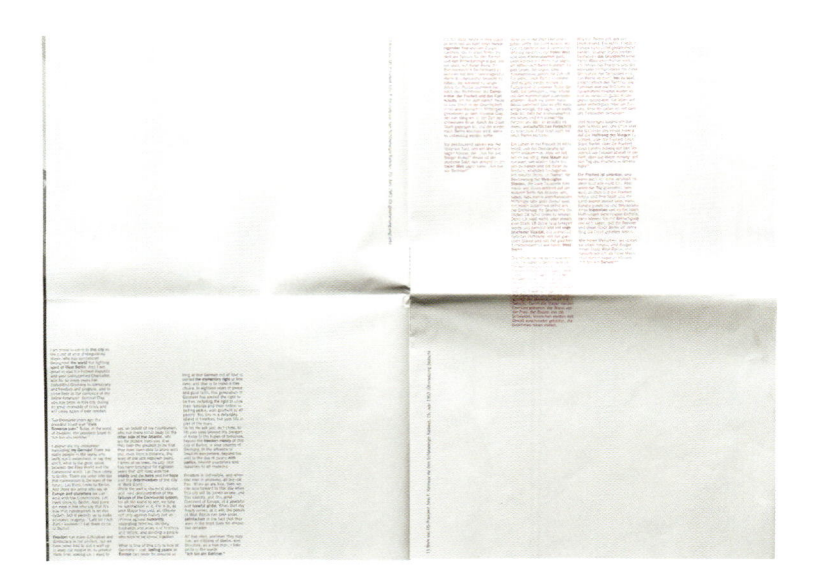

d Grafik-Design

KATEGORIE -- PROSPEKTE -- BROSCHÜREN -- DOKUMENTATIONEN FÜR PUBLIC RELATIONS

TITEL --	AUFTRAGGEBER --		AGENTUR --				ZIELGRUPPE --
MUTABOR 10 _ GRAND MAGASIN / ZEITSCHRIFT FÜR GESTALTUNG	Mutabor Design GmbH	Herausgeber Geschäftsleitung	Mutabor Design GmbH	CD AD / Basislayout AD / Design-Beiträge	Fotografie Illustration Text Verlag & Produktion Litho / Druck / Weiterverarbeitung	Knut Koops Sascha Pollack / Markus Schmitz Artdirektoren / Jürgen Schöneich Die Gestalten, Berlin Medialis Offsetdruck GmbH	Kommunikations- und Designbranche
	Heinrich Paravicini Johannes Plass		*Heinrich Paravicini / Johannes Plass Johannes Plass / Carsten Raffel / Monika Hoinkis Simone Campe / Jens Meyer / Silke Eggers / Axel Domke / Christian Dworak und obige*				

KOMMUNIKATIONSZIEL --

Self-Promotion.

JURY-BEGRÜNDUNG --

Mit diesem Werk wurde wieder einmal ein lang ersehnter Meilenstein gesetzt. Eine bestehende Kombination aus Typografie, Illustration und Fotografie. Jede Seite gibt neue Impulse für eine experimentelle, aber schon sehr ausgefeilte Gestaltung.

GOLD SILBER BRONZE DIPLOM

d Grafik-Design

KATEGORIE -- **PROSPEKTE -- BROSCHÜREN -- DOKUMENTATIONEN FÜR PUBLIC RELATIONS**

TITEL --	AUFTRAGGEBER --	AGENTUR --		ZIELGRUPPE --
ETWAS PASSENDES	Art+Work=Werbeagentur GmbH	Art+Work=Werbeagentur GmbH		Marketing-Verantwortliche in mittelständischen Unternehmen
		CD	*Dieter Hopf*	
		AD	*Almut Riebe*	
		AD Text	*Thomas Heinrich*	
		Beratung/Kontakt	*Jürgen Sciborski / Wolfgang Lutterbach*	
		Fotografie	*Alex Schwander*	
		Litho/Druck	*Preuß Medienservice*	

KOMMUNIKATIONSZIEL --

Die Broschüre soll durch eine kretive Umsetzung potenzielle Neukunden neugierig auf die Agentur machen und zur Kontaktaufnahme anregen. Durch die Betonung der gestalterischen Komponente soll insbesondere eine design-orientierte Zielgruppe angesprochen werden.

JURY-BEGRÜNDUNG --

Eine außergewöhnlich sympathische Eigenwerbung einer Agentur. Gekonnter Umgang mit allen grafischen Mitteln. Ausgewogen ohne langweilig zu sein.

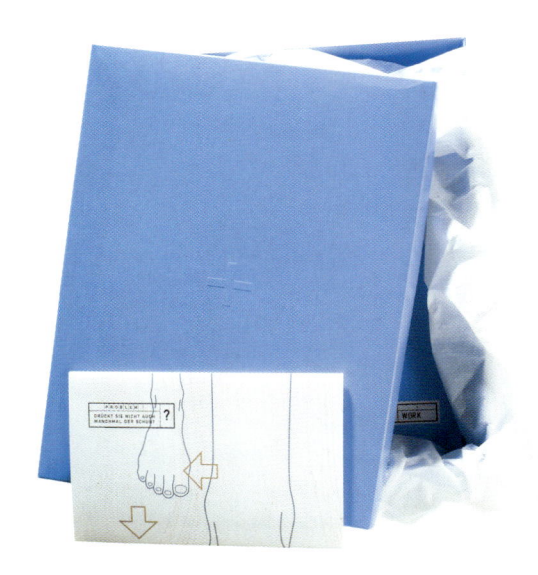

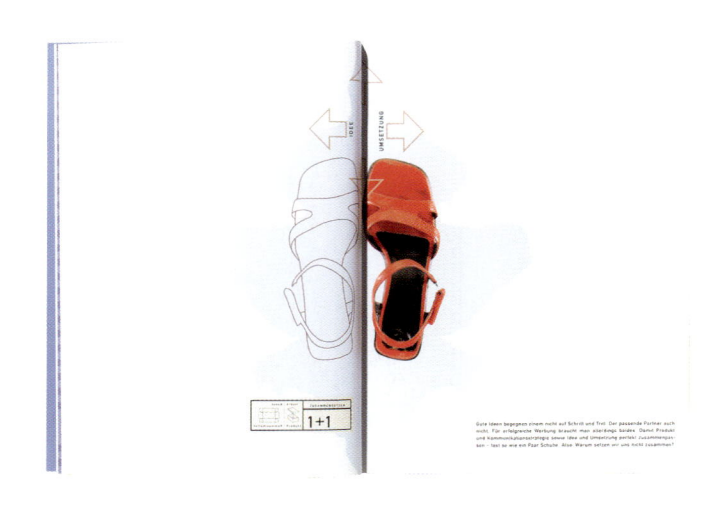

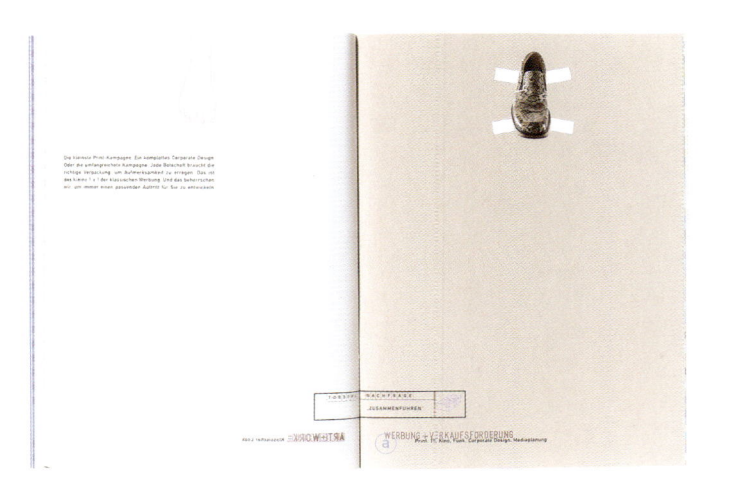

GOLD   SILBER   BRONZE   DIPLOM

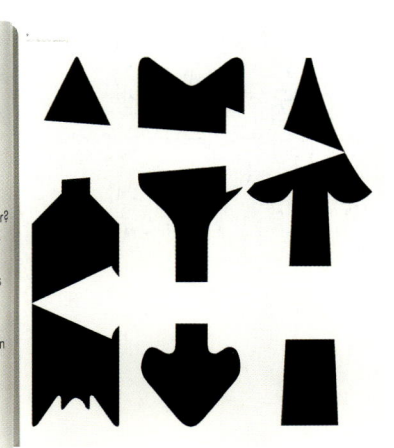

d Grafik-Design

TITEL --	AUFTRAGGEBER --		EINREICHER --		ZIELGRUPPE --
SUSHI 5	**Projektleitung**	Art Directors Club Deutschland e.V. *Susann Schronen / Delle Krause*		Hochschule für Gestaltung Offenbach	Hochschulen, Werbeagenturen, Werbeabteilungen, Designbüros
			Redaktion / Konzept / Gestaltung	*Annette Pfisterer / Catrin Sonnabend / Adrian Nießler / Klaus Hesse*	

KOMMUNIKATIONSZIEL --

Auf der Suche nach den besten Talenten veranstaltet der Art Directors Club für Deutschland jedes Jahr seinen Nachwuchswettbewerb. Mitmachen dürfen Diplomanden und Berufsanfänger aus den Bereichen Werbung, Grafikdesign, Fotografie, Film und Neuen Medien. Mit diesem Heft dokumentiert der ADC den Wettbewerb 2002 und hilft den Gewinnern nach oben zu schwimmen.

JURY-BEGRÜNDUNG --

Das Faszinierende an der Broschüre ist, dass der redaktionelle Teil ebenso spannend wie die ausgezeichneten Arbeiten zelebriert wird und ihnen qualitativ in Nichts nachsteht. Außergewöhnliche Gestaltungsideen, die Spaß am Weiterlesen machen, man freut sich auf die nächste Doppelseite.

d Grafik-Design

KATEGORIE -- GESCHÄFTSBERICHTE -- UMWELTBERICHTE

TITEL --	AUFTRAGGEBER --		AGENTUR --				ZIELGRUPPE --
GPC BIOTECH GESCHÄFTSBERICHT 2002	GPC Biotech AG Manager IR & Corporate Communications	*Martin Brändle*	√ KMS Team GmbH CD AD Illustration Kontakt Satz	*Knut Maierhofer* *Tom Ferraro /* *Patrick Märki* *Patrick Märki* *Constanze Knoesel* *Angela Keesman*	Produktion Fotografie Litho Druck	*Christina Baur* *Thomas Mayfried* *Foag & Lemkau GmbH,* *Oberschleißheim b. München (Illustrationen) /* *Cololux, Verona (Porträts)* *F-Media Druck,* *Kirchheim b. München*	Aktionäre, Financial Community, Mitarbeiter, Kunden

KOMMUNIKATIONSZIEL --

Das Unternehmensziel von GPC Biotech ist die Entdeckung und Entwicklung neuartiger Krebsmedikamente mit Hilfe innovativer Technologien und Entwicklungsansätze. Diese hochkomplexen Prozesse sollte der Geschäftsbericht 2002 allgemein verständlich und anschaulich darstellen.
Dafür wurden in Zusammenarbeit mit Fachleuten von GPC Illustrationen entwickelt, welche die komplizierten Wirkmechanismen nachvollziehbar machen. Eine Übersichtsseite zu Beginn des Berichtes stellt die aktuellen Medikamentenkandidaten mit ihren spezifischen Angriffspunkten am Tumor vor. Auf den Folgeseiten werden die jeweiligen Technologien und Medikamente nacheinander vertiefend behandelt. Auf der Titelseite ist die Zeile mit der Unternehmensmission „Entwicklung neuer Krebsmedikamente" über dem Wort „Krebs" gedruckt, so dass der optische Eindruck der Durchstreichung entsteht. Unterstützt wird die plakative Aussage durch die Signalfarbe Orange, die eine aktive und positive Haltung symbolisiert.
Der Geschäftsbericht verbindet Fachkompetenz und Aufklärung und fördert das Interesse und die Identifikation auch von Nicht-Spezialisten mit dem Unternehmen.

JURY-BEGRÜNDUNG --

Ein eher unzugängliches Thema wurde so spannend aufbereitet, dass man in das Thema unweigerlich hineingezogen wird. Die Kombination von Orange, Blau und Schwarz, die besonders in den Illustrationen zum Tragen kommt, strukturiert die Informationen perfekt. Der Zugang zur Wissenschaft wird dem Leser leicht gemacht.

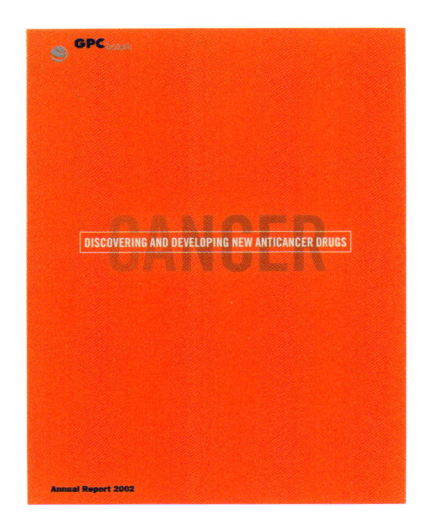

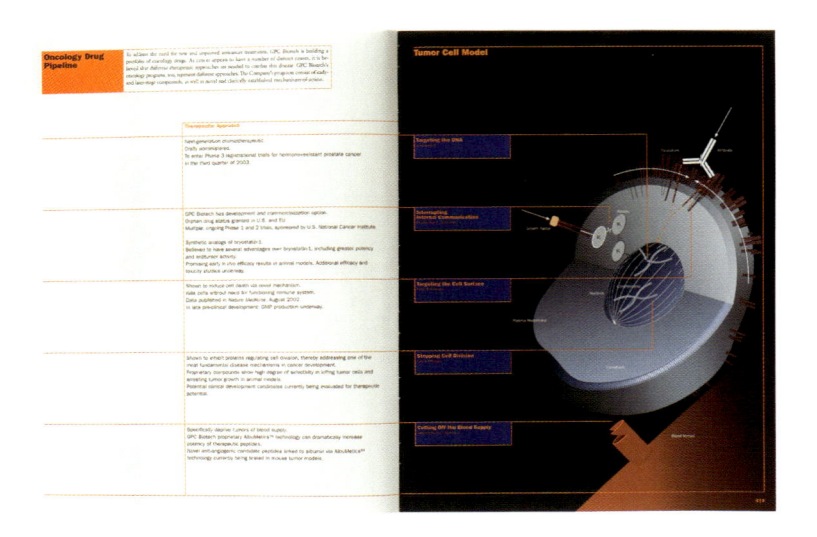

GOLD SILBER BRONZE DIPLOM

d Grafik-Design / Typografie

KATEGORIE -- **PROSPEKTE -- BROSCHÜREN -- DOKUMENTATIONEN FÜR WERBUNG**

TITEL --	AUFTRAGGEBER --		AGENTUR --				ZIELGRUPPE --
LOCKSTOFFE IN THEORIE UND PRAXIS	Ligalux GmbH *Claudia Fischer-Appelt*	GF	√ Ligalux GmbH *Claudia Fischer-Appelt Lars Niebuhr Silke Bröckling / Christine Werner / Boris Weiß*	CD **Grafik-Design Produktion**	**Text Fotografie Druck Papier**	*David Leinweber Fabian Hammerl reset GmbH, Hamburg Schneidersöhne (Luxo® Magic, Munken Lynx)*	Designszene, Kunden, Neukunden, Hochschulen für Design, Presse

KOMMUNIKATIONSZIEL --

Kontaktmanagement, Neukundengewinnung, Eigen-PR, Nachschlagewerk zu Fachvorträgen.

JURY-BEGRÜNDUNG --

Eine der aufregendsten Broschüren, die wir je in diesem Wettbewerb gesehen haben. Eine geschlossene Einheit in sich und doch immer wieder von Seite zu Seite neu und spannend.

Ein hervorragendes Beispiel für gekonnte Mikrotypografie und Einsatz vieler technischer Möglichkeiten. Die Typografie könnte einen neuen Trend einleiten. Die Jury ist jedenfalls den Verlockungen erlegen.

d Typografie

TITEL --	AUFTRAGGEBER --		AGENTUR --				ZIELGRUPPE --
CLASSEN NOBLESSE_PAPIER-MUSTERBUCH	Marketingleitung	Classen Papier GmbH *Susanne Hermann*	*Mutabor Design GmbH* CD AD Design Fotografie	*Johannes Plass Carsten Raffel Carsten Raffel Jan Friese*	Illustration Text Produktion Litho/Druck/ Weiter-verarbeitung	*Carsten Raffel Markus Galla / Carsten Raffel Classen Papier Pirk Musterkartentechnik GmbH*	Druckerein, Werbeagenturen, Designbüros

KOMMUNIKATIONSZIEL --
Werbung.

JURY-BEGRÜNDUNG --
Das Papier als Bedruckstoff steht im Vordergrund. Die zurücktretenden Texte sind klein und fein, das Zusammenspiel unterschiedlicher Schriften ist perfekt und elegant. Durchschuss und Spationierung sind hervorragend aufeinander abgestimmt.

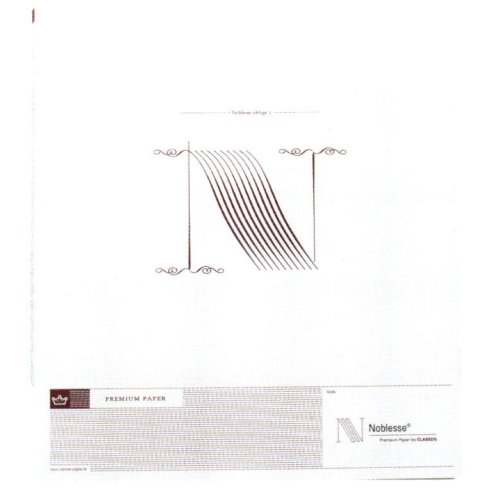

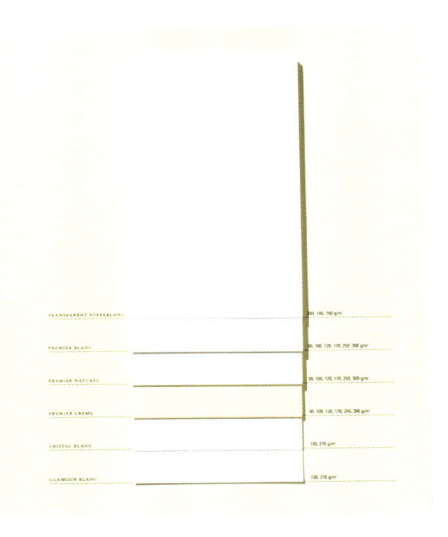

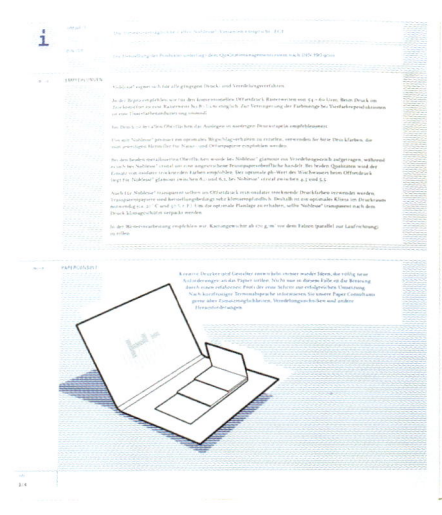

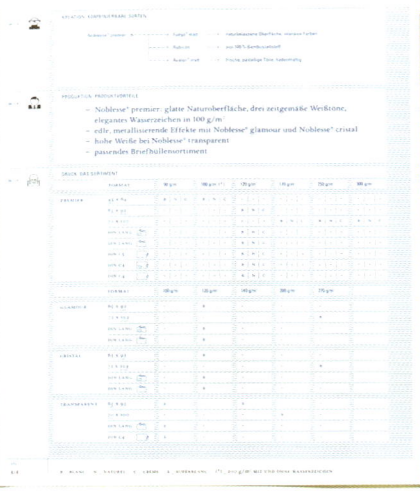

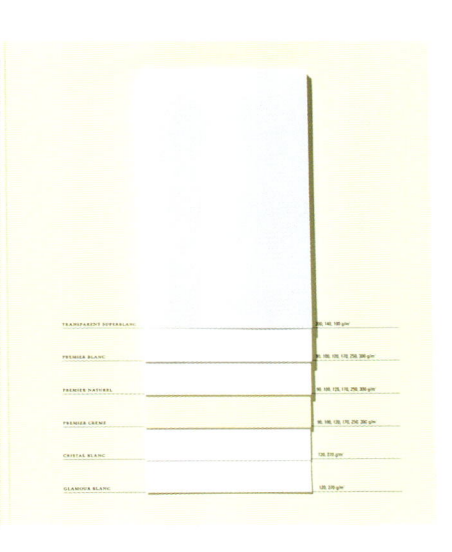

GOLD　SILBER　BRONZE　DIPLOM

d Typografie

KATEGORIE -- GESCHÄFTSBERICHTE -- UMWELTBERICHTE

TITEL --	AUFTRAGGEBER --		AGENTUR --		ZIELGRUPPE --
ARAG GESCHÄFTSBERICHT 2002 / KONZERN	Leitung Unternehmens-kommunikation	ARAG Versicherungen *Klaus Heiermann*	CD/AD	Kuhn, Kammann & Kuhn AG *Simone Hartmann*	Financial community, Presse/Multiplikatoren, Geschäftspartner, interessierte Öffentlichkeit

KOMMUNIKATIONSZIEL --

Wandlung als Profilierungsaspekt – Das Unternehmen hat auf das veränderte Marktumfeld mit einer konsequenten Neuformierung reagiert und konnte dadurch nicht nur seinen Stand festigen, sondern zudem weltweit Erfolge verbuchen.

JURY-BEGRÜNDUNG --

Die gute Lesbarkeit des Mengensatzes steht hier im Vordergrund. Das farbliche Zusammenspiel der verschiedenen Textelemente ist sensibel und fein abgestimmt. Die perfekte Typografie trägt wesentlich zur übersichtlichen Gliederung bei. Der Umgang mit den Zahlenmengen innerhalb der Tabellen ist gekonnt.

d Typografie / Illustration

KATEGORIE -- MITARBEITERZEITUNGEN -- WERKZEITSCHRIFTEN UND -ZEITUNGEN

TITEL --	AUFTRAGGEBER --		AGENTUR --		ZIELGRUPPE --
UFU 53 THEMEN UND INFORMATIONEN	UfU Unabhängiges Institut für Umweltfragen e.V., Berlin/Halle		Leonardi.Wollein Visuelle Konzepte GbR, Berlin		Mitglieder des wissenschaftlichen Instituts; Wissenschaftler aus dem Bereich Umweltschutz; im Umweltschutz Engagierte
	Projektleitung/ Text	Michael Zschiesche, Vorstandssprecher UfU	AD/Kontakt Illustration Satz Litho/Druck	Alexandra Kardinar Alexandra Kardinar/Volker Schlecht Birgit Trummer AGIT-Druck, Berlin	

KOMMUNIKATIONSZIEL --

Die Mitgliederzeitschrift vermittelt Neuigkeiten aus dem Institut, wissenschaftliche Essays sowie Beiträge zu ökologischen Fragestellungen unserer Zeit und aktuellen umweltpolitischen Themen.

Ziel des Redesigns war es, ein offenes Bild der Institution zu vermitteln und vom Eindruck des „handgestrickten Informationsblatts" abzurücken. Das Design ist ein bewusster Vorstoß gegen die in der angestammten Leserschaft verbreitete Überzeugung, wissenschaftlicher Anspruch, Ernsthaftigkeit und Seriosität einerseits und eine schöne, durchdachte Gestaltung andererseits schlössen sich gegenseitig aus.
Die Ästhetik und der Stil dieser Bildstrecken wechselt von Ausgabe zu Ausgabe, ebenso die Farbkombination; Layout und Textgestaltung hingegen bleiben konsistent.

JURY-BEGRÜNDUNG --

Besonders feinsinnige und eigenständige Illustrationen, die wie der Text mit nur zwei Farben auskommen. Dadurch entsteht ein spannungsreiches und kontrastreiches Spiel. Die weißen und die strukturierten Flächen unterstützen diese Wirkung exzellent.
Die Typografie ist konsequent und stringent und doch spielerisch. Sie ist lebendig und liebevoll. Die Auswahl und Mischung der Schriften ist eigenständig und in dieser Art nicht oft eingesetzt.

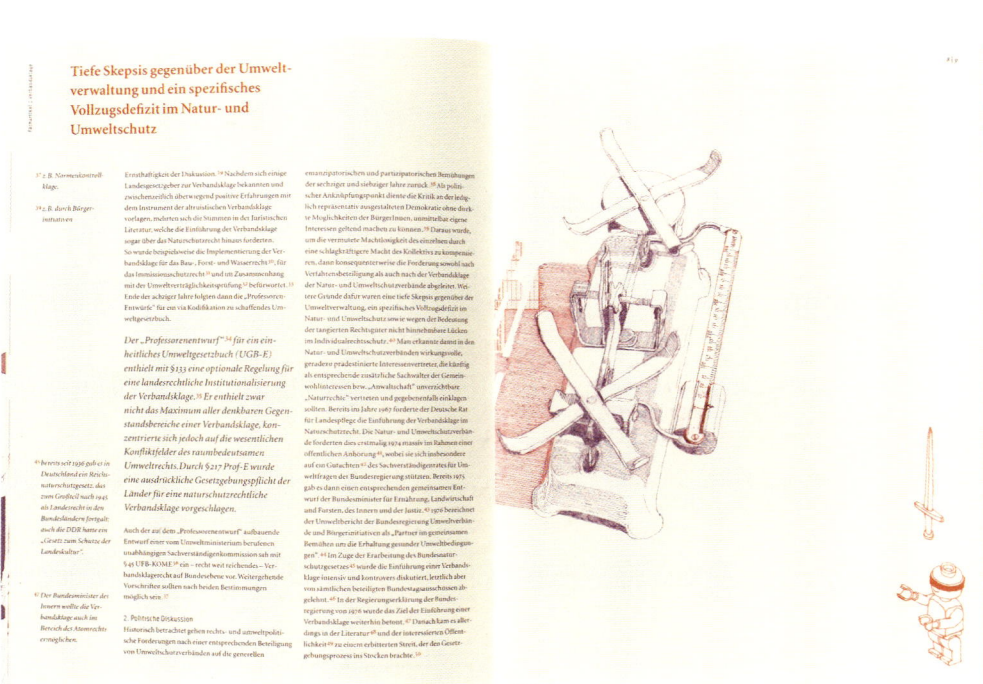

GOLD SILBER BRONZE DIPLOM

d Fotografie

KATEGORIE -- **KUNDENZEITSCHRIFTEN**

TITEL --	AUFTRAGGEBER --		AGENTUREN --		ZIELGRUPPE --
GREENPEACE MAGAZIN		Greenpeace Media GmbH	√	Büro Hamburg JK. PW. Gesellschaft für Kommunikationsdesign mbH	Interessierte, breite Öffentlichkeit
	Chefredaktion **AD/Bild**	*Jochen Schildt* *Kerstin Leesch*	**AD/Grafik** **Litho** **Druck**	*Bettina Rosenow (Büro Hamburg)* *W & Co. Mediaservices Hamburg GmbH + Co. KG* *Johler Druck*	

KOMMUNIKATIONSZIEL --

Politisch unabhängige Berichterstattung aus den Bereichen Umwelt, Politik und Soziales.

JURY-BEGRÜNDUNG --

GPM bietet Bildgenuss: Reportage-Fotografie, Porträts, Dokumentation. Hier findet sich kontinuierliche Qualität und das in höchster Übereinstimmung zur Thematik des jeweiligen redaktionellen Beitrages wie auch der thematisch geschlossenen Hefte. Das alles zeigt eine Auffassung, die allein Qualität gelten lässt, auf Zufälliges verzichtet, Kontraste zeigt, sie aber nicht gegeneinander stellt. Im sensiblen Wechsel von Farbe und schwarz/weiß-Fotos findet sich hier Fotografie, die eine auszeichnungswürdige Gesamtleistung darstellt.

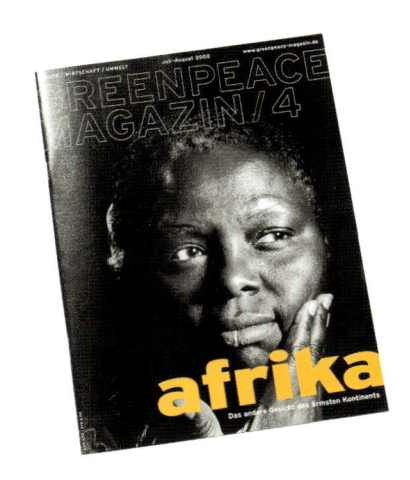

GOLD SILBER BRONZE **DIPLOM**

d Repro / Druck

KATEGORIE -- PROSPEKTE -- BROSCHÜREN -- DOKUMENTATIONEN FÜR PUBLIC RELATIONS

TITEL --	AUFTRAGGEBER --		EINREICHER --		ZIELGRUPPE --
DAS GEHEIMNIS DER PHOTOGRAPHIE	Internationale Tage Ingelheim Boehringer Ingelheim GmbH		√ Universitätsdruckerei H. Schmidt GmbH & Co., Mainz		Mitglieder des wissenschaftlichen Instituts; Wissenschaftler aus dem Bereich Umweltschutz; im Umweltschutz Engagierte
	verantwortlich	*Dr. Patricia Rochard*	**verantwortlich Fotografie Abbildungen**	*Bertram Schmidt-Friderichs siehe unten* [1] *siehe unten* [2]	

KOMMUNIKATIONSZIEL --

Die seit 45 Jahren bestehenden Internationalen Tage wurden 1959 von den Inhabern des Unternehmens Boehringer Ingelheim gegründet. Sie werden heute von der vierten Inhabergeneration gleichermaßen gefördert und getragen mit dem Ziel, den Mitarbeitern eines weltweit expandierenden Unternehmens ebenso wie der Bevölkerung der als Standort gewählten Kleinstadt am Rhein einen Einblick in fremde Weltkulturen, Kunst und Kulturentwicklungen zu ermöglichen.
Als Begleitband einer Ausstellung zeigt sich der größte und allgegenwärtige Arbeitgeber von Ingelheim als Anreger, der jedes Jahr in höchster Qualität die Themen der Ausstellung dokumentiert – in diesem Jahr mit besonders hoch pigmentierten Farben, um nahezu fotoähnliche Dichten und Grauwertunterschiede drucken zu können. Durch die langjährige Präsenz kann sich das Firmenengagement vornehm (Seite 226) zurückhalten.

JURY-BEGRÜNDUNG --

Die konsequente Umsetzung der Bilder von verschiedenen Fotografen zu einem beispielhaften Gesamtwerk hat die Jury begeistert. Überwiegend Schwarz-Weiß-Darstellungen im Vierfarbendruck wurden den individuellen Vorlagen gerecht. Auf hochsensible Weise ist es den Machern gelungen, die fotografische Botschaft exzellent zu reproduzieren und zu drucken.

[1] **Fotografie:** Hans Christian Adam / Dieter Appelt / Diane Arbus / Richard Avedon / Roger Ballen / Werner Bischof / Erwin Blumenfeld / Bill Brandt / Harry Callahan / Henri Cartier-Bresson / Paul Citroen / Wouter Deruytter / Frantisek Drtikol / Hugo Erfurth / Theodor Lux Feininger / Ralph Gibson / F.C. Gundlach / Heinz Hajek-Halke / Jitka Hanzlová / Frank Horvat / George Hoyningen-Huene / Yousuf Karsh / Peter Keetman / Rudolf Koppitz / Heinrich Kühn / Dorothea Lange / Siegfried Lauterwasser / Annie Leibovitz / Erna Lendvai-Dircksen / Helmar Lerski / Helen Levitt / Michael Light / Man Ray / Robert Mapplethorpe / Will McBride / Joel Meyerowitz / Martin Munkácsi / Floris M. Neusüss / Arnold Newman / Helmut Newton / Nicolas Nixon / Irving Penn / Franz Roh / August Sander / Alfred Seiland / Cindy Sherman / Jean Loup Sieff / L.K. Skripnik / Otto Steinert / Sasha Stone / Chister Strömholm / Wolfgang Tillmans / Anton Josef Trcka / Shoji Ueda / Umbo / Albert Watson / Edward Weston / Minor White / Ludwig Windstosser / Paul Wolff / Yva

[2] **Abbildungen:** Heinrich Kühn (Umschlagvorderseite) / Paul Citroen (Umschlagrückseite, S. 78) / Annie Leibovitz (S. 79) / August Sander (S. 130) / Joel Meyerowitz (S. 131)

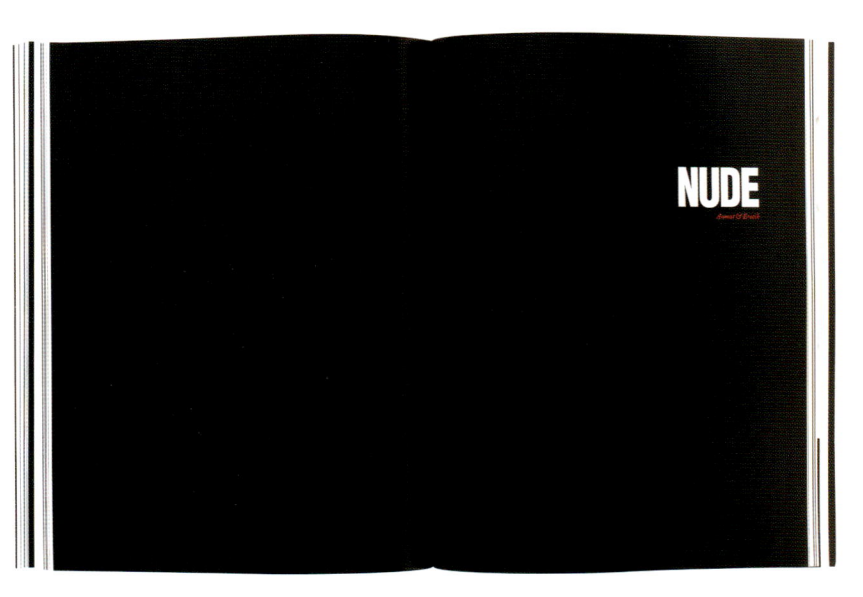

GOLD SILBER BRONZE DIPLOM

d Repro / Druck

KATEGORIE -- PROSPEKTE -- BROSCHÜREN -- SALES FOLDER FÜR VERKAUFSFÖRDERUNG

TITEL --	AUFTRAGGEBER --	AGENTUR --			ZIELGRUPPE --
MAYBACH BÜCHEREDITION (OWNERS EDITION)	DaimlerChrysler AG	TC GRUPPE GmbH Target Communications in Kooperation mit Delius Klasing Verlag	**Konzept/Beratung** **Projektmanagement** **Fotografie/** **Illustration**	*Bettina Lehmann / Hartmut Sander* *Sonia Dean / Jari Pfander* *u.a. Markus Bolsinger /* *Martin Schäuble / René Staud*	Maybach Käufer (Owners Edition)
	verantwortlich *Leon Hustinx*		**Produktion**	*Delius Klasing Verlag / TC GRUPPE*	
		CD *Christian Crämer*	**Satz**	*TC GRUPPE GmbH*	
		AD *Jeanette Blaum / Daniela Deeg*	**Litho**	*scanlitho.teams*	
		Text *siehe unten* [1]	**Druck/Weiterverarb.**	*Kunst- und Werbedruck*	

KOMMUNIKATIONSZIEL --

Aufgabe: Konzeption, Gestaltung und Produktion einer zweibändigen Maybach Buchpublikation.
Umsetzung: Die zweibändige Bücheredition erscheint in einer Owners- und einer Public-Edition. Während die Owners Edition als individualisiertes Kundenpräsent bei der Fahrzeugübergabe ausgehändigt wird, spricht die zweibändige, über den Retail bzw. den Buchhandel erhältliche Public Edition die interessierte Öffentlichkeit an. Beide Ausgaben umfassen attraktive Bildstrecken sowie anspruchsvolle journalistische Beiträge zu Heritage und Gegenwart der Marke, zum neuen Maybach und zur Maybach Welt.
Ziel: Loyality, Brand-Building, Informationen zum Maybach und Revitalisierung bzw. Launch der Marke, Darstellung von Brand und Heritage.

JURY-BEGRÜNDUNG --

Die inhärente Emotionalität um die Marke Maybach wurde in Repro und Druck beachtenswert gelungen umgesetzt. Produktphilosophie in vollendeter Konsequenz.

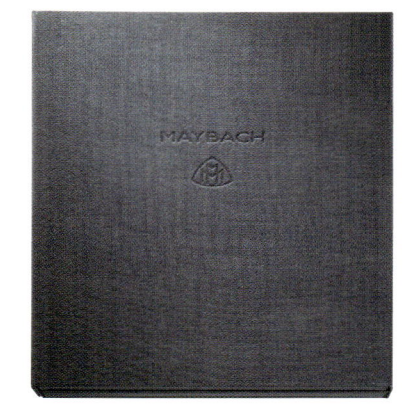

[1] **Text:** Jürgen Lewandowski / Clauspeter Becker / David E. Davis / Alexandra Felts / Ray Hutton /
Dr. Gerold Lingnau / Michael Graf Wolff Metternich / Wolfgang Peters / Dr. Paul Simsa / Herbert Völker

d Repro / Druck

KATEGORIE -- PROSPEKTE -- BROSCHÜREN -- SALES FOLDER FÜR VERKAUFSFÖRDERUNG

TITEL --	AUFTRAGGEBER --	AGENTUR --	ZIELGRUPPE --
„BUSINESS UNUSUAL"	Rosenthal AG, Incentive Service	✓ Klaus Wolowiec Graphik *Klaus Wolowiec / P&S, Fürth*	Endverbraucher, Kunstsammler, Presse

KOMMUNIKATIONSZIEL --

Ausgewählte Produkte der Rosenthal-Gruppe der angesprochenen Zielgruppe nahezubringen.

JURY-BEGRÜNDUNG --

Aufgrund seiner hohen Litho- und Druckqualität ist der Produktkatalog von Rosenthal mit einem Diplom für Repro und Druck ausgezeichnet worden. Die Jury bewertet die Durchgängigkeit der hohen Qualität sowie die außergewöhnliche Farbkraft in dem Katalog. Da diese Arbeit mit herkömmlichen Reproduktionsmethoden – im Vierfarbendruck – hergestellt wurde, ist sie besonders zu werten.

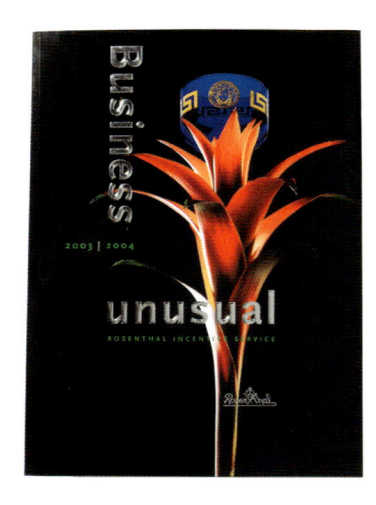

GOLD SILBER BRONZE DIPLOM

d Repro / Druck

KATEGORIE -- **KATALOGE FÜR WERBUNG -- VERKAUFSFÖRDERUNG**

TITEL --	AUFTRAGGEBER --		AGENTUR --				ZIELGRUPPE --
AMG GESAMTKATALOG „THE SPIRIT OF SUCCESS"	**Marketingleitung Werbeleitung Projektleitung Produktmanagement**	DaimlerChrysler AG *Lothar Korn J. Justus Schneider Hans-Diether Engelhard* Mercedes-AMG GmbH, *Hendrik Hummel*	√ D,G,M Werbeagentur GmbH & Co. KG	**CD AD Text Kundenberatung**	*Michael Diekert Tom Witzgall Michael Diekert* *Birgit Willmann*	**Fotografie** **Produktion Reproduktion Druck & Verarbeitung**	*Willie von Recklinghausen (Outdoor) / Eberhard Sauer (Studio)* factory 7, *Claudia Fritz* BRK Repro, *Peter Bauerle* Kastner & Callwey, *Peter Dettendorfer*	Überwiegend männlich, 35-65 Jahre, mit hohem Bildungs- und Einkommensniveau, viele Entscheider und Führungskräfte; Kaufmotiv: Exklusivität, Understatement, Technikfaszination, Sportlichkeit.

KOMMUNIKATIONSZIEL --

Vorstellen und Positionieren des kompletten Pkw-Programms von Mercedes-AMG. Aufzeigen der einzigartigen Kompetenz im Motorsport und bei der technischen Entwicklung.

JURY-BEGRÜNDUNG --

Die Printmedien für beide Mercedes-Typen (AMG Spirit of Success sowie Limousinen der S-Klasse, S. 143) spiegeln die hohe Wertigkeit der Fahrzeuge in vollendeter Form wider. Die emotionale Fotografie und die Botschaften der Bilder wurden beispielhaft auf höchstem Niveau reproduziert und gedruckt.

GOLD SILBER BRONZE DIPLOM

d Repro / Druck

KATEGORIE -- **KATALOGE FÜR WERBUNG -- VERKAUFSFÖRDERUNG**

TITEL --	AUFTRAGGEBER --		AGENTUR --		ZIELGRUPPE --
MAYBACH – TRÄUMEN. ERWACHEN. ERFÜLLEN.	Werbeleitung Projektleitung	DaimlerChrysler AG *Lothar Korn Stefan Brommer / Hans-Dieter Engelhard*	CD AD Fotografie	√ E-fact. Ltd., London *Ruth Holden / Wolfgang Zimmerer Jonathan Coleman René Staud Studios*	Die anspruchsvollsten Endverbraucher

KOMMUNIKATIONSZIEL --

Den Mythos und die Marke Maybach im neuen Licht zeigen. Beweisen, dass der neue Maybach heute wie damals die Spitze im Automobilbau darstellt.

JURY-BEGRÜNDUNG --

Bei dieser Arbeit ist es den Reproduktionern und Druckern gelungen, dem Produkt entsprechend eine äußerst hochwertige Broschüre zu fertigen. Diese einmalige Arbeit ist wie das Auto purer Luxus. „Träumen, erwachen, erfüllen" vermittelt auch dieses Druckwerk. Einfach Klasse!

d Repro / Druck

KATEGORIE -- **KATALOGE FÜR WERBUNG -- VERKAUFSFÖRDERUNG**

TITEL --	AUFTRAGGEBER --	AGENTUR --		ZIELGRUPPE --
DIE LIMOUSINEN DER S-KLASSE – MERCEDES-BENZ	DaimlerChrysler AG **Werbeleitung** *Lothar Korn* **Projektleitung** *Stefan Brommer*		E-fact. Ltd., London **CD** *Ruth Holden / Wolfgang Zimmerer* **AD** *Ben Carratu* **Text** *Benedikt Schreyer* **Fotografie** *Willi von Recklinghausen*	Endverbraucher

KOMMUNIKATIONSZIEL --

Die S-Klasse als die Nummer eins im Premiumsegment positionieren; der Wagen geht weit über den Standard hinaus und setzt die Maßstäbe.

JURY-BEGRÜNDUNG --

Die Printmedien für beide Mercedes-Typen (Limousinen der S-Klasse sowie AMG Spirit of Success, S. 141) spiegeln die hohe Wertigkeit der Fahrzeuge in vollendeter Form wider. Die emotionale Fotografie und die Botschaften der Bilder wurden beispielhaft auf höchstem Niveau reproduziert und gedruckt.

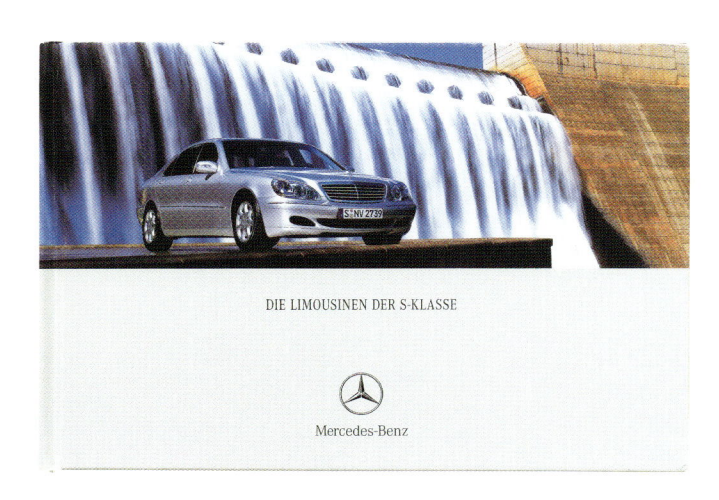

d Buchbinderische Verarbeitung

KATEGORIE -- **PROSPEKTE -- BROSCHÜREN -- DOKUMENTATIONEN FÜR WERBUNG**

TITEL --	AUFTRAGGEBER --		AGENTUR --		ZIELGRUPPE --
DAS DRUCKHAUS MIT MEHRWERT	PQS Druckhaus GmbH, Essen	GF	√ BJS Werbeagentur GmbH, Essen		Werbeagenturen / Produktioner, Geschäfts- und Werbeleiter aus Handel und Industrie
	Norbert Zehle		CD AD Text Fotografie Druck / Weiter- verarbeitung	*Wolfram Jung* *Derya Bozay / Tom Reuter* *Christiane Lege* *Tom Reuter* *PQS Druckhaus GmbH*	

KOMMUNIKATIONSZIEL --

Aufgabe ist die Neupositionierung eines traditionellen Druckbetriebes als moderner, kompetenter Dienstleistungspartner für alle Printprojekte – auch vor und nach dem Druck. Ziel ist ein ungewöhnlicher, abgrenzungsfähiger Auftritt, um den neuen Namen und das neue Logo in Verbindung mit einem deutlich breiteren Angebotsspektrum bekannt und interessant zu machen. Im Mittelpunkt steht dabei eine besonders ausgeprägte Kunden- und Serviceorientierung.

JURY-BEGRÜNDUNG --

Form, Prägung, Bindetechnik und Verpackung sind hervorragend verarbeitet. Die Anforderung der Gestaltung wurde buchbinderisch hervorragend vorbildlich umgesetzt.

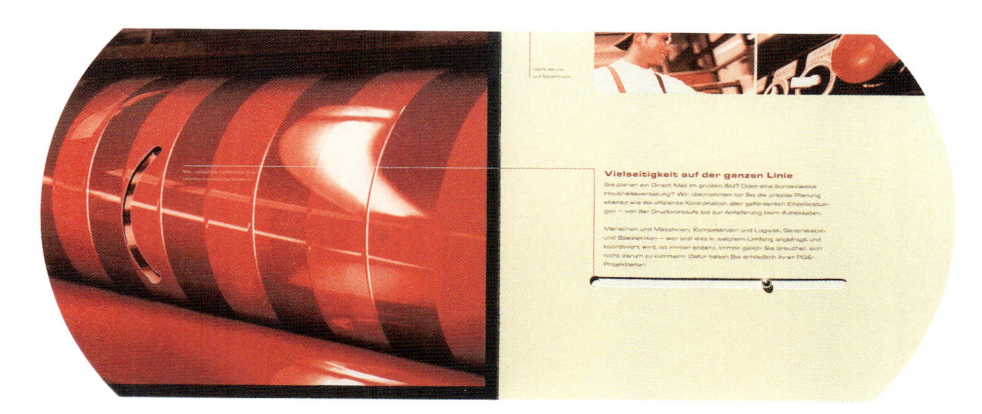

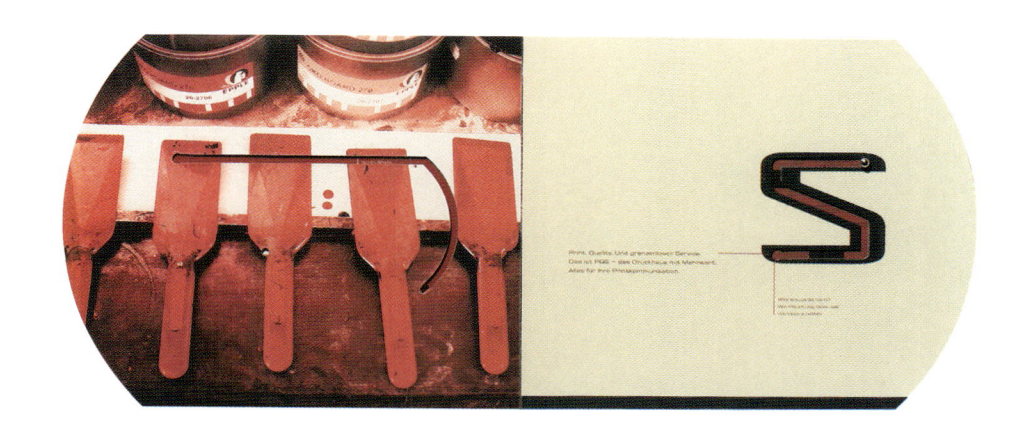

d Buchbinderische Verarbeitung

KATEGORIE -- **PROSPEKTE -- BROSCHÜREN -- DOKUMENTATIONEN FÜR PUBLIC RELATIONS**

TITEL --	AUFTRAGGEBER --	AGENTUR --	ZIELGRUPPE --
FREISTIL – BEST OF GERMAN COMMERCIAL ILLUSTRATION	Verlag Hermann Schmidt Mainz GmbH & Co. KG, Mainz **verantwortlich** *Bertram Schmidt-Friderichs*	√ Raban Ruddigkeit, Berlin **verantwortlich** *Raban Ruddigkeit, Designer und Herausgeber*	Agenturen, Zeitschriftenredakteure, Grafik-Designer

KOMMUNIKATIONSZIEL --

Nach dem Boom der Bildarchiv-Fotografie erlebt die Illustration, der eigene, charaktervolle Strich gerade ein Revival. Doch wie findet man den Illustrator, der zu einem passt? Freistil stellt die 175 besten deutschen Illustratoren mit eigenen Arbeiten und Kontaktdaten vor und ist so PR-Chance für jeden der vorgestellten Illustratoren, aber auch für die Illustration an sich. Ein redaktioneller Teil beleuchtet die Power guter Illustration und macht Auftraggebern Lust, in der Marketingkommunikation für ihr Produkt auf die Kreativität eines der vorgestellten Illustratoren zu setzen. Nicht zuletzt durch die ungewöhnliche Bindung wird Freistil zu einem begehrten Buch und damit zu einer nachhaltigen, weil bewusst erworbenen PR.

JURY-BEGRÜNDUNG --

„Freistil" erhält ein Diplom nicht wegen der buchbinderischen Technik, sondern wegen der außerordentlich präzisen buchbinderischer Verarbeitung, insbesondere der Falzarbeit. Dadurch erhält die Gestaltung des Buchrückens mit dem regenbogenartigen Farbverlauf und dem Rückentitel seine Wirkung.

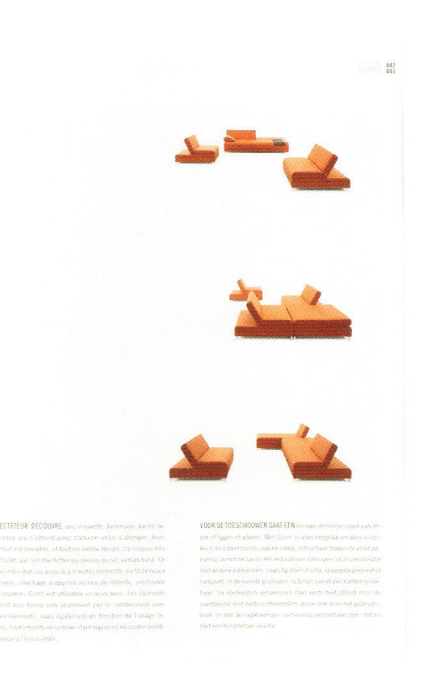

GOLD SILBER BRONZE DIPLOM

d Buchbinderische Verarbeitung

KATEGORIE -- PROSPEKTE -- BROSCHÜREN -- DOKUMENTATIONEN FÜR PUBLIC RELATIONS

TITEL --	AUFTRAGGEBER --	AGENTUR --			ZIELGRUPPE --
COR GESAMTKATALOG 2003/04	COR Sitzmöbel Helmut Lübke GmbH & Co. KG **Geschäftsführung** *Leo Lübke* **Marketingleitung** *Berthold Strüve*	Factor Design AG **CD** *Olaf Stein* **AD** *Jan Kruse* **AD Fotografie** *Jan Kruse* **(Kunden-) Beratung/ Kontakt** *Michaela Hauck*	**Fotografie Produktion** **Litho** **Druck**	*Rudi Schmutz Produktionsbüro Romey von Malottky GmbH Albert Bauer KG / abc digital Mairs Grafische Betriebe*	Jedermann; Interessenten an einem COR-Möbel

KOMMUNIKATIONSZIEL --

Präsentation von hochwertigem Möbeldesign in hochwertigem Grafikdesign.

JURY-BEGRÜNDUNG --

Die gewählte buchbinderische Verarbeitung ist eine Kombination zwischen der Buch- und der Broschurentechnik. Das Produkt überzeugt durch seine präzise und saubere Herstellung.

d Buchbinderische Verarbeitung

KATEGORIE -- PROSPEKTE -- BROSCHÜREN -- SALES FOLDER FÜR VERKAUFSFÖRDERUNG

TITEL --	AUFTRAGGEBER --		AGENTUR --		ZIELGRUPPE --
„LAS VEGAS" – RÖMERTURM PORTFOLIO	Römerturm Feinstpapier GmbH & Co. KG *Jörg Schweigert*	GF	AD / GF Design	Factor Design AG *Olaf Stein Verena Baumhögger*	Designbüros, Werbeagenturen, Druckereien

KOMMUNIKATIONSZIEL --

Im achten Römerturm-Portfolio nehmen wir ausgesuchte Römerturm-Kunden mit nach Las Vegas. Aber lassen Sie sich nicht irritieren. Römerturm ist nicht ins Showbusiness gegangen. Es geht nicht so sehr um glitzernde Oberflächen. Vielmehr um das, was hinter ihnen liegt, was man erst entdeckt, wenn man richtig hinschaut. Die Basis für das neue Portfolio bildet ein Aufenthalt des Fotografen Philip Koschel in Las Vegas und dessen Einblicke hinter die Kulissen. Aufgeschrieben von Anne Zuber, konzipiert und gestaltet von Factor Design.

JURY-BEGRÜNDUNG --

Mit der gewählten Bindetechnik wird ein optimales Layflat-Verhalten der verschiedensten Inhaltspapiere erreicht. Die Integration des Buches im Buch ist gut gelöst.

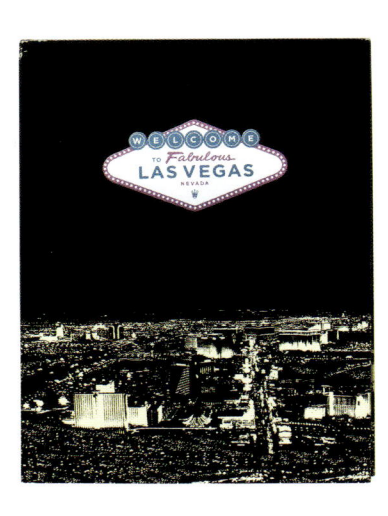

--Partners

NÜTZLICHE ADRESSEN ZU LÖSUNGSANBIETERN AUS DEN BEREICHEN
DRUCK UND WEITERVERARBEITUNG, PAPIER UND FARBSYSTEME

ADRESSEN ZU:
-- **1) DRUCK UND DISPLAYS**
-- **2) VERARBEITUNG/VEREDELUNG**
-- **3) PAPIERE UND EINBANDSTOFFE**
-- **4) FARBSYSTEME**

-- ADRESSEN

1) -- **B.O.S.S Druck und Medien GmbH**
Franz Engelen (Gf.)
Geefacker 63, 47533 Kleve
Telefon: 0 28 21 / 9 98-13
Telefax: 0 28 21 / 9 98-38
Internet: www.boss-druck.de
Innovative Kompetenz bei Druck und Verpackung

-- **ColorDruckLeimen GmbH**
Joachim Beigel (Gf.)
Gutenbergstr. 4, 69181 Leimen
Telefon: 0 62 24 / 70 08-0
Telefax: 0 62 24 / 7 71 34
Internet: www.colordruck.com
Best solutions for best printing

-- **W. Gassmann AG Druck & Verlag**
Markus Schär (Gf.)
CH- 2501 Biel-Bienne
Telefon: 00 41 / 32 / 3 44 82-25
Telefax: 00 41 / 32 / 3 44 83-10
E-Mail: kundendienst@gassmann.ch
Internet: www.gassmann.ch
Der Generalunternehmer für anspruchsvolle Printprojekte

-- **rasch Druckerei & Verlag GmbH & Co. KG**
Uwe Schade (Gf.)
Lindenstr. 47, 49565 Bramsche
Telefon: 0 54 61 / 81-40
Telefax: 0 54 61 / 81-41 55
Internet: www.raschdruck.de

-- **Graphischer Betrieb Rehling GmbH**
Bernd Rehling (Gf.)
Mastholter Str. 84, 33397 Rietberg
Telefon: 0 52 44 / 98 07-0
Telefax: 0 52 44 / 7 78 00
Internet: www.rehling.de
Wir machen Ihre Kommunikation.

2) -- **DIV Druckweiterverarbeitung Industriebuchbinderei Vogl GmbH**
Franz Rudolf Vogl (Gf.)
In der Sitters 1d, 66128 Saarbrücken-Gersweiler
Telefon: 06 81 / 70 00 44
Telefax: 06 81 / 70 08 30
Internet: www.div-bubi.de
Ihr kompetenter Partner für alles „nach dem Druck"

-- **Gräfe Druck und Veredelung GmbH**
Frank Denninghoff (Gf.)
Eckendorfer Str. 82–84, 33609 Bielefeld
Telefon: 05 21 / 9 72 05-0
Telefax: 05 21 / 9 72 05-50
Internet: www.graefe-druck.de und www.look-and-feel.net
Wir machen Ihre Botschaften sinnlich erfahrbar.

3) -- **FEDRIGONI DEUTSCHLAND**
Niederlassung Düsseldorf
Itterpark 6, 40724 Hilden
Telefon: 0 21 03 / 20 17-5
Telefax: 0 21 03 / 20 17-77
Internet: www.fedrigoni.com

-- **UPM, Fine Paper**
P.O. Box 11 60, D- 26888 Dörpen
Telefon: 0 49 63 / 401-13 39
Telefax: 0 49 63 / 401-19 30
Internet: www.upm-kymmene.com

4) -- **Canon Deutschland GmbH**
Ulrike Hemmerle (CBS Marketing/Communications)
Europark Fichtenhain A10, 47807 Krefeld
Telefon: 0 21 51 / 345-156
Telefax: 0 21 51 / 345-446
Internet: www.canon.de
Individuelle Business Solutions

-- **HKS Warenzeichenverband e.V. (Hostmann-Steinberg, K+E Druckfarben der Flint Group, Schmincke)**
Sieglestr. 25, 70469 Stuttgart
Telefon: 07 11 / 98 16-608
Telefax: 07 11 / 98 16-222
Internet: www.hks-farben.de
Höchste Farbsicherheit auf allen Bedruckstoffen

--Register

NACH AGENTUREN, AUFTRAGGEBERN, DRUCKEREIEN,
SATZ-/LITHOGRAFISCHEN/REPROGRAFISCHEN UND
WEITERVERARBEITENDEN BETRIEBEN SOWIE NAMEN

AUFTRAGGEBER --

4mbo International Electronic AG
76 f.

ABRESCH plus Werbeagentur GmbH
s. Agenturen

adidas-Salomon AG
123

Aloys F. Dornbracht GmbH & Co. KG
102 f., 106 f.

ARAG Versicherungen
135

Art Directors Club Deutschland e.V.
125, 131

Art+Work=Werbeagentur GmbH
s. Agenturen

Boehringer Ingelheim
s. Internationale Tage Ingelheim

Classen Papier GmbH
134

COR Sitzmöbel Helmut Lübke
GmbH & Co KG 147

DaimlerChrysler AG
72 f., 90 f., 121, 139, 141, 142, 143

DaimlerChrysler Communications
100 f.

Factor Design AG
s. Agenturen

GILDEMEISTER Aktiengesellschaft
94 ff.

GPC Biotech AG
132

Greenpeace Media GmbH
137

Hansgrohe AG
126

Hesse Design GmbH
s. Agenturen

Hoffmann und Campe Verlag GmbH
53, 65, 68 f.

IKEA Deutschland GmbH
86 f.

Internationale Tage Ingelheim
Boehringer Ingelheim GmbH
138

Kreiskrankenhaus Osterholz
120

Kuhn, Kammann & Kuhn AG
s. Agenturen

Ligalux GmbH
s. Agenturen

Loewe Opta GmbH
88 f.

Münchener Rückversicherungs-
Gesellschaft 108 f.

Mutabor Design GmbH
s. Agenturen

NICI AG
114 f.

Papierfabrik Scheufelen
70 f.

Pinakothek der Moderne
104 f.

Pollock Kommunikationsdesign
s. Agenturen

PQS Druckhaus GmbH
144 f.

Römerturm Feinstpapier
GmbH & Co. KG 148

Rosenthal AG
118, 140

Rotes Kreuz Krankenhaus, Bremen
122

RWE AG
68 f.

schlott gruppe Aktiengesellschaft
74 f., 80 f.

SIPA Unternehmer Beratung GmbH
116

syzygy Deutschland GmbH
s. Agenturen

UfU Unabhängiges Institut für
Umweltfragen e.V. 136

USU AG
66 f.

Verlag Hermann Schmidt Mainz
98 f., 146

Wella AG
124

AGENTUREN --

ABRESCH plus Werbeagentur GmbH
53, 111, 117

ade hauser lacour
Kommunikationsgestaltung GmbH
53, 93, 108 f.

Art+Work=Werbeagentur GmbH
53, 112, 130

b+d gmbh
Agentur für verkaufsfördernde
Kommunikation 53, 111, 124

Bernstein & Burkel,
Büro für Gestaltung
53, 111, 114 f.

BJS Werbeagentur GmbH
53, 113, 144 f.

Büro Hamburg JK. PW.
Gesellschaft für Kommunikationsdesign GmbH 53, 113, 137

D,G,M Werbeagentur GmbH & Co. KG
53, 113, 141

E-fact Ltd.
53, 111, 113, 121, 142, 143

Factor Design AG
53, 93, 98 f., 113, 147, 148

häfelinger + wagner design gmbh
53, 111, 123

Hardy Lahn,
Büro für Gestaltung
53, 111, 114 f.

Hesse Design GmbH
53, 55, 79, 84 f.

Hilger & Boie,
Büro für Gestaltung
53, 111, 114 f.

Hochschule für Gestaltung Offenbach
  53, 112, 131
in(corporate
  communication + design GmbH
  53, 111, 122
Klaus Wolowiec
  53, 111, 113, 118, 140
kleiner und bold
  brand identity design GmbH
  53, 111, 120
KMS Team GmbH
  53, 93, 104 f., 112, 132
Konzeption x Design GbR
  53, 93, 100 f.
Kuhn, Kammann & Kuhn AG
  53, 56, 111, 112, 119, 135
KW43 BRANDDESIGN
  53, 79, 88 f.
Leonardi.Wollein
  Visuelle Konzepte GbR
  53, 112, 136
Ligalux GmbH
  53, 112, 133
Maksimovic & Partners
  Agentur für Werbung und Design
  GmbH 53, 111, 116
Meiré und Meiré AG
  53, 93, 102 f., 106 f.
Montfort Financial GmbH/
  Crosscom Group
  53, 93, 94 ff.
Mutabor Design GmbH
  53, 112, 129, 134
Oliver Schrott Kommunikation GmbH
  53, 93, 100 f.
P. Agentur für Markengestaltung
  53, 112, 113, 125
PHCC Peter Heßler
  Agentur für Corporate Communication
  53, 55, 65, 70 f.
Pollock Kommunikationsdesign
  53, 112, 128

Raban Ruddigkeit
  53, 113, 146
Red Rabbit GmbH
  53, 112, 113, 125
strichpunkt
  agentur für visuelle kommunikation
  GmbH 53, 65, 66 f., 74 f., 76 f.,
  79, 80 f.
syzygy Deutschland GmbH
  53, 79, 82 f.
Tanja Hirschsteiner,
  Büro für Kommunikation
  53, 111, 114 f.
TC GRUPPE GmbH
  Target Communications
  53, 65, 72 f., 79, 90 f., 112, 113, 139
Universitätsdruckerei H. Schmidt GmbH
  53, 113, 138
weigertpirouzwolf Werbeagentur GmbH
  53, 79, 86 f.
Werbung etc. Werbeagentur AG
  53, 112, 126 f.

DRUCK/WEITERVERARBEITUNG --

AGIT-Druck 136
Asco-Druck 122
B.O.S.S Druck und Medien GmbH
  151, 159
Buchbinderei Burkhardt
  s. Auftraggeber
Buchbinderei Köhler 70
ColorDruck 151
ColorDruck Kurt Weber GmbH 90
Das Druckbüro 126
DIV Vogl GmbH 57, 151
Druckerei Aumeier 123
Druckerei und Verlag
  Otto Lembeck 128
drucktuell 66
Fixdruck 70
F-Media Druck 132
Foag&Lemkau GmbH 132
Graphischer Betrieb Rehling GmbH
  56, 151
Gräfe Druck und Veredelung 151

Johler Druck 137
Kastner & Callwey 141
Kunst- und Werbedruck 139
Medialis Offsetdruck GmbH 129
Mairs Grafische Betriebe 88, 147
MediaGroup Le Roux 76
Ottweiler Druckerei 116
Pirk Musterkartentechnik GmbH 134
PQS Druckhaus GmbH
  s. Auftraggeber
Rasch Druckerei & Verlag
  GmbH & Co. KG 151
reset GmbH 133
Ruksaldruck 120
sachsendruck GmbH 74, 80
schlott gruppe
  s. Auftraggeber
Universitätsdruckerei Mainz 98
W. Gassmann AG
  Druck & Verlag 151
W. Kohlhammer Druckerei 72

SATZ/LITHO/REPRO --

abc digital 147
Albert Bauer KG 147
BRK Repro 141
City-Repro Zweifel 70
eder GmbH 72, 90
Einsatz 98
Factory 7 72, 90, 141
Heads 70
Junck Repro Technik 88
LVD 120
P&S Media 88
Preuß Medienservice 130
Produktionsbüro Romey von
  Malottky GmbH 147
refeka 74
scanlitho.teams 139
SIRO Production 116
Thalhofer 74
W&Co. Mediaservices Hamburg
  GmbH+Co. KG 137
Wirth & Kiefer 70

NAMEN --

abc digital
  s. Satz/Repro
Abresch, Wendelin 117
Adam, Hans Christian 138
AdFinder GmbH 56
AGD 55
AGIT-Druck
  s. Druck/Weiterverarbeitung
Albers, Simona 86
Albert Bauer KG
  s. Satz/Repro
Allianz Deutscher Designer
  s. AGD
Appelt, Dieter 138
Arbus, Diane 138
Asco-Druck
  s. Druck/Weiterverarbeitung
Atelier Kitty Kahane 56
Avedon, Richard 138
AwardsUnlimited 4
Bald, Torsten 88
Ballen, Roger 138
Barth, Carsten 55
Bassewitz, Susanne von 55
Bauerle, Peter 141
Baumhögger, Verena 148
Baumstark, Reinhold 104
Baur, Christina 132
Baur, Christopher 76
Becker, Clauspeter 139
Behrens, Susanne 120
Beithan, Jochen 70
Bernstein, Udo 114
Bierach, Barbara 84
Bingel, Odo-Ekke 4 f.
Bischof, Werner 138
Blaum, Jeanette 72, 90, 139
Blumenfeld, Erwin 138
Bohmann, Heike 120
Bolsinger, Markus 139
B.O.S.S Druck und Medien GmbH
  s. Druck/Weiterverarbeitung
Bozay, Derya 144
Brändle, Martin 132
Brandt, Bill 138
Breier, Lo 125
Brinkmann, Annette 88
BRK Repro
  s. Satz/Repro

Bröckling, Silke 133
Brodnik, Steve 55
Brommer, Stefan 142, 143
Bruns, Tammo F. 120
Buchbinderei Burkhardt
  s. Auftraggeber
Buchbinderei Köhler
  s. Druck/Weiterverarbeitung
Buchner, Otward 123
Bundesverband Druck und Medien e.V.
  s. bvdm
Bunkenburg, Thies 86
Burgmann, Karoline 124
Burkhardt, Hans 55, 59
bvdm 18 ff., 50, 57
Callahan, Harry 138
Campe, Simone 129
Canon Deutschland GmbH 151
Cantalupo, Carlos 84
Carratu, Ben 143
Cartier-Bresson, Henri 138
Citroen, Paul 138
City-Repro Zweifel
  s. Satz/Repro
Classen, Christina 124
Coleman, Jonathan 142
Collier, Gunnar 119
Cololux 132
ColorDruck
  s. Druck/Weiterverarbeitung
ColorDruck Kurt Weber GmbH
  s. Druck/Weiterverarbeitung
Corona, Gerd 124
Crämer, Christian 72, 90, 139
Cremer, Michael 55
Dam, Xuyen 104
Das Druckbüro
  s. Druck/Weiterverarbeitung
Davis, David E. 139
Dean, Sonia 72, 90, 139
Deeg, Daniela 72, 90, 139
Delius Klasing Verlag 113. 139
Deruytter, Wouter 138
Dettendorfer, Peter 141
Die Gestalten 129
Diekert, Michael 141
Dietrich, Jens 82
Dietz, Kirsten 66, 74, 76, 80
Digitalfoto Jochen Schreiner 159
DIV Vogl GmbH
  s. Druck/Weiterverarbeitung

Domke, Axel 129
Dörmann, Matthias 122
Drtikol, Frantisek 138
Druckerei Aumeier
  s. Druck/Weiterverarbeitung
Druckerei und Verlag Otto Lembeck
  s. Druck/Weiterverarbeitung
drucktuell
  s. Druck/Weiterverarbeitung
Dumm, Britta 128
DuMont Literatur und Kunst Verlag 104
Dworak, Christian 129
e.on AG 55
Eckerskorn, Stephanie 106
eder GmbH
  s. Satz/Repro
Eggers, Silke 129
Einsatz
  s. Satz/Repro
Engelhard, Hans-Diether 72, 90, 141, 142
Erbach 76
Erfurth, Hugo 138
Erlebach, Jürgen 55
Erler, Johannes 98
EURO RSCG 56
F.C. Gundlach 138
Fachhochschule beider Basel
  s. FHBB
Fachhochschule Wiesbaden
  s. FH Wiesbaden
Factory 7 s. Satz/Repro
Fedrigoni Deutschland GmbH 159
Fein, Christoph 55
Fein, Hans-Jürgen 126
Feininger, Theodor Lux 138
Felts, Alexandra 139
Ferraro, Tom 132
FH Wiesbaden 40 ff.
FHBB 57
Finger-Eisenmann, Dirk 86
Fink, Marion 104
Fischer, Heinz 55, 59
Fischer-Appelt, Claudia 133
Fixdruck
  s. Druck/Weiterverarbeitung
F-Media Druck
  s. Druck/Weiterverarbeitung
Foag&Lemkau GmbH
  s. Druck/Weiterverarbeitung
Föhrenbach, Jan 124
Forum PR Beratung 56

Fössel, Katja 102
Fosshag, Bengt 70
Fotoetage Bremen 120
Fotostudio Horster Mühle 55
Frank, Marc 121
Frenz, Yvonne 18 ff.
Friese, Jan 134
Fritz, Claudia 141
Galla, Markus 134
Ganser, Hans Ulrich 124
Gassmann AG s. W. Gassmann/
   s. Druck/Weiterverarbeitung
GE Deutschland 55
Geib, Anja 72, 90
Gibson, Ralph 138
Gollhardt, Cornelis 128
Graf Wolff Metternich, Michael 139
Gräfe Druck und Veredelung
   s. Druck/Weiterverarbeitung
Granser, Peter 80
Graphischer Betrieb Rehling GmbH
   s. Druck/Weiterverarbeitung
Grohe, Philippe 126
Günster, Michael 117
Günther, Tanja 66
Hack, Uwe 74
Hackenberg, Heide 55
Häfelinger, Annette 123
Hajek-Hakle, Heinz 138
Hammerl, Fabian 133
Hanzer, Markus 24 ff.
Hanzlová, Jitka 138
Hardt, Simone 88
Hartmann, Simone 135
Hartung, Stephanie 128
Hauck, Michaela 147
Heads
   s. Satz/Repro
Heckel, Hanspeter 55
Heiermann, Klaus 135
Heinrich, Thomas 130
Hellweg, Michael 124
Hermann, Susanne 134
Herz, Jörg 82
Hesse Design GmbH
   s. Agenturen
Hesse, Christine 55, 84
Hesse, Klaus 84, 131
Hessler, Peter 55, 70 f.
Hetzinger, Birger 70

Heymen, Jürgen 117
Hill, Julia 120
Hiller, Norbert 76
Hirschsteiner, Tanja 114
HKS Warenzeichenverband e.V. 151
Hoch, Leigh 88
Hochschule für Gestaltung Offenbach 57
Hoinkis, Monika 129
Holden, Ruth 121, 142, 143
Hönicke, Stefan 86
Hopf, Dieter 130
Hornung, Tina 80
Horvat, Frank 138
Hoyningen-Huene, George 138
Hufnagl, Florian 104
Hummel, Hendrik 141
Hustinx, Leon 72, 90, 139
Hutton, Ray 139
identis designgruppe 36 ff.
Ikinger, Jutta 126
Jäger, Peter 70
Jägerfeld, Ulrike 88
Janik, Adelgund 123
Jobs, Sonja 120
Johler Druck
   s. Druck/Weiterverarbeitung
Junck Repro Technik
   s. Satz/Repro
Jung, Eva 125
Jung, Wolfram 144
Jungblut, Michael 120, 122
Kahane, Kitty 56
Kaiser, Eberhard 76
Kammann, Gerd 119
Kardinar, Alexandra 136
Karsh, Yousuf 138
Kastner & Callwey s.
Druck/Weiterverarbeitung
Kau-Gravert, Andre 100
Keesman, Angela 132
Keetman, Peter 138
Keim, Gerhard 66
Keller, Michael 104
Klügel, Karin 76
Knapp, Sabine 126
Knoesel, Constanze 104, 132
Köhler 70
Kohnle, Jeannette 74, 80
Kommunikationsverband 4, 50
König, Markus 56, 60

Koops, Knut 129
Koppitz, Rudolf 138
Korn, Lothar 141, 142, 143
Krause, Delle 131
Krebs, Dieter 56
Kruse, Jan 147
Kühn, Heinrich 138
Kuhn, Kammann & Kuhn AG
   s. Agenturen
Kuhn, Klaus 56, 60
Kunst- und Werbedruck
   s. Druck/Weiterverarbeitung
Kurkhaus, Fritzi 98
Kürschner, Miriam 70
Lahn, Hardy 114
Lambl, Florian 106
Lange, Dorothea 138
Laube, Birgit 22 f.
Laur, Christian 86
Lauterwasser, Siegfried 138
Leesch, Kerstin 137
Lege, Christiane 144
Lehmann, Bettina 72, 90, 139
Leibovitz, Annie 138
Leinweber, David 133
Lendvai-Dircksen, Erna 138
Leonhardt & Kern,
   Uli Weber Werbeagentur GmbH 57
Lerski, Helmar 138
Levitt, Helen 138
Lewandowski, Jürgen 139
Light, Michael 138
Lingnau, Gerold 139
Linke, Dirk 68
Linotype GmbH 30 ff.
Lowe GGK 55
Lübke, Leo 147
Lutterbach, Wolfgang 130
LVD
   s. Satz/Repro
Maier, Uli 126
Maierhofer, Knut 132
Mailänder, André 116
Mairs Grafische Betriebe
   s. Druck/Weiterverarbeitung
Maksimovic, Ivica 116
Man Ray 138
Manger, Carmen 80
Mannheimer Versicherung AG 57
Mapplethorpe, Robert 138

Marcard, Haroc 88
Märki, Patrick 132
Matthies, Jörn 86
Mayfried, Thomas 132
McBride, Will 138
MediaGroup Le Roux
    s. Druck/Weiterverarbeitung
Medialis Offsetdruck GmbH
    s. Druck/Weiterverarbeitung
Meiré, Mike 102, 106
Mercedes-AMG GmbH 141
MERZ Werbeagentur GmbH 55
Meyer, Jens 129
Meyerowitz, Joel 138
Micheroli, Siro 88
Minor White 138
Molthan van Loon 57
Morris, Gilian 88
M-real Business Papers Division 56
Munkácsi, Martin 138
Muraro, Marcus 104
Nees, Jürgen 120, 122
Neidhart + Schön Group AG 56
Neidhart, Christian 56
Nerdinger, Winfried 104
Neumann, Stefanie 86
Neusüss, Floris M. 138
Newman, Arnold 138
Newton, Helmut 138
Nicol, Thomas 82
Niebuhr, Lars 133
Nießler, Adrian 131
Nixon, Nicolas 138
Nold, Sabine 86
Nolte, Klaus 124
Oberschmidt, Bernhard 66
Ottweiler Druckerei
    s. Druck/Weiterverarbeitung
P&S 118, 140
P&S Media
    s. Satz/Repro
Paravicini, Heinrich 129
Pelikan Vertriebsgesellschaft 55
Penn, Irving 138
Peters, Wolfgang 139
Pfander, Jari 72, 90, 139
Pfannmüller, Günter 56
Pfeffer, Gerhard A. 56
Pfisterer, Annette 131
PHCC Peter Heßler

Agentur für Corporate Communication
    s. Agenturen
Philippi, Maximilian 102, 106
Pirk Musterkartentechnik GmbH
    s. Druck/Weiterverarbeitung
Plass, Johannes 129, 134
Platte, Maria 104
Pollack, Sascha 129
Pölzelbauer, Joseph 36 ff.
Pophanken, Andrea 104
Pötschke, Ulrike 56
PQS Druckhaus GmbH
    s. Auftraggeber
pr+co. 74, 80
Preuß Medienservice
    s. Satz/Repro
Produktionsbüro Romey von Malottky
    GmbH s. Satz/Repro
Quass von Deyen, Rüdiger 100
Rädeker, Jochen 66, 74, 76, 80
Raffel, Carsten 129, 134
RAG Aktiengesellschaft 56
Rapp, Anne 82
Rasch Druckerei & Verlag GmbH & Co. KG
    s. Druck/Weiterverarbeitung
refeka s. Satz/Repro
Rehling Graphischer Betrieb GmbH
    s. Druck/Weiterverarbeitung
Rehling, Bernd 56, 59
René Staud Studios 142
Renz, Sandra 124
reset GmbH
    s. Druck/Weiterverarbeitung
Reuter, Tom 144
Reuter, Wolfgang 117
Ribbeck, Jörg 124
Riebe, Almut 130
Rochard, Patricia 138
Rögener, Stefan 56
Roh, Franz 138
Rohrer, Eva 104
Rose, Bernd 74 , 80
Rosenow, Bettina 137
Rosenthal AG 57, 118, 140
Röwekamp, Josephine 120
Rück, Edmund 56
Ruddigkeit, Raban 146
Rüggemeier, Berndt 114
Ruksaldruck
    s. Druck/Weiterverarbeitung

S&W Werbeagentur BSW 57
Sabnani, Sanjay 121
sachsendruck GmbH
    s. Druck/Weiterverarbeitung
Sackmann, Uli 76
Sander, August 138
Sander, Hartmut 72, 90, 139
Sartorius, Jessica 124ro
Sauer, Andreas 126
Sauer, Eberhard 141
scanlitho.teams s. Satz/Repro
Schacher, Stephan 88
Schäuble, Martin 72, 90, 139
Schickert, Tanja 88
Schildt, Jochen 137
Schindler, Heribert 98
Schirrmeister, Rouven 86
Schlecht, Volker 136
Schley, Karsten 119
Schlierenzauer, Dieter 94
schlott gruppe
    s. Auftraggeber
Schmidt-Friderichs, Bertram 138, 146
Schmitz, Britta 124
Schmitz, Markus 129
Schmutz, Rudi 147
Schneider, J. Justus 141
Schneidersöhne 133
Schöneich, Jürgen 129
Schreyer, Benedikt 143
Schronen, Susann 125, 131
Schuhmacher, Thomas 72, 90
Schulze van Loon, Dieter 57
Schulz-Hoffmann, Carla 104
Schumacher, Frank 57
Schwander, Alex 130
Schweer, Dieter 68
Schweigert, Jörg 148
Sciborski, Jürgen 130
Seiland, Alfred 138
Seiler, Marco 82
Semff, Michael 104
Sherman, Cindy 138
Sieben, Eva 88
Siebert, Rochus 116
Siefen, Sabine 108
Sieff, Jean Loup 138
Siefke, Andreas 68
Silversved, Niclas 86
Simsa, Paul 139

SIRO Production
　s. Satz/Repro
Skripnik, L.K. 138
Sommer, Sarah 86
Sonnabend, Catrin 131
Sonntag, Gereon 88
Sparkasse Köln/Bonn 55
Stamm, Philipp 57
Staud, René 72, 90, 139
Stein, Olaf 147, 148
Steinert, Bruno 30 ff.
Steinert, Otto 138
Steinweg, Robin 124
Stockhecker, Raimund 122
Stone, Sasha 138
Strehl, Udo 66
Strömhölm, Chister 138
Struck, Holger 102, 106
Strüve, Berthold 147
Studio Pfannmüller 56
Thalhofer
　s. Satz/Repro
Theobold, Joanne 121
Thernes, Sabine 104
Thinnes, Rita 116
Thorbrietz, Petra 68
Tillmans, Wolfgang 138
Tinnes, Andrea 114
Tönsmann, Christian 98
Trcka, Anton Josef 138
Trefz, Detlev 117
Trummer, Birgit 136
typemuseum.com 24 ff.
Ueda, Shoji 138
Uhle, Till K. 57
Ullmann, Dieter 57
Umbo 138
Universitätsdruckerei Mainz
　s. Druck/Weiterverarbeitung
Unterberger, Karsten 122
UPM, Fine Paper 50, 151, 159
van Endert, Jan-Piet 119
Vogl, Franz-Rudolf 57, 59
Völker, Herbert 139
Vollmer, Raimund 66
von Hellberg, Katharina 123
von Recklinghausen, Willie
　141, 143
Voss, Yvonne 100
Vöttiner, Christian 88

W&Co. Mediaservices Hamburg
　GmbH+Co. KG s. Satz/Repro
w&v 55
W. Gassmann AG Druck & Verlag
　s. Druck/Weiterverarbeitung
W. Kohlhammer Druckerei
　s. Druck/Weiterverarbeitung
Wagner, Christine 40 ff.
Wagner, Frank 123
Walter, Gernot 74
Walz, Marco 74
Watson, Albert 138
Weber, Andreas 8 ff.
Weber, Uli 57
Wehmeyer, Brit 84
Weidemeyer, Kerstin 123
Weiß, Boris 133
Weissenhorn, Markus 80
Werner, Christine 133
Weston, Edward 138
Wieners+Wieners 70
Wiezel, Urs 57
Wildermuth, Detlef 57
Willmann, Birgit 141
Windstosser, Ludwig 138
Winkelmann, Karen 76
Wirth & Kiefer
　s. Satz/Repro
Witzgall, Rainer 123
Witzgall, Tom 141
Wohlrath Wildermuth Werbeagentur 57
Wolf, Heinz 70
Wolff, Nicolai 122
Wolff, Paul 138
Wolowiec, Klaus 118, 140
Wörner, Jürgen 57
Würschmidt, Paul 117
Wynistorf, Werner 57
Xerra, Gionata 126
Yva 138
Zehender, Stephanie 76
Zehle, Norbert 144
Ziegler, Marc 104
Zimmerer, Wolfgang 121, 142, 143
Zschiesche, Michael 136

--*Impressum*

HERAUSGEBER --
Kommunikationsverband e.V.
Pöseldorfer Weg 23
D-20148 Hamburg
Telefon: ++49 (0) 40.419 177 87
Telefax: ++49 (0) 40.419 177 90
E-Mail: info@kommunikationsverband.de
Internet: www.kommunikationsverband.de

PROJEKTLEITUNG UND GESAMTKONZEPTION --
Varus Verlag, Bonn. Birgit Laube

FOTOGRAFIE --
Daten der Preisträger und Autoren,
Digitalfoto Jochen Schreiner

LITHOGRAFIE --
Mirgel + Schneider Medienmanagement GmbH

DRUCK, BINDUNG, VEREDELUNG --
B.O.S.S Druck und Medien GmbH

PAPIER --
Inhalt:
Gedruckt auf UPM Finesse premium silk, 150 g/m^2.
Ein Produkt von UPM.
Schutzumschlag: Sirio pearl graphite, 350 g/m^2.
Ein Produkt von Fedrigoni Deutschland.

VEREDELUNG SCHUTZUMSCHLAG --
1-stufige ballige Blindprägung;
1-seitiger Prägefoliendruck Silber-matt plan

VERLAG --
Varus Verlag
Konrad-Zuse-Patz 1–3
D-53227 Bonn
Telefon: ++49 (0) 228.944 66-0
Telefax: ++49 (0) 228.944 66-66
E-Mail: info@varus.com
Internet: www.varus.com

HINWEIS --
Aussagen in den redaktionellen Beiträgen geben nicht unbedingt die Meinung von Herausgeber und Verlag wieder. Das Werk einschließlich aller seiner Teile ist urheberrechtlich geschützt. Jede Verwertung außerhalb der engen Grenzen des Urheberrechtsgesetzes ist ohne Abstimmung des Verlages unzulässig und strafbar. Dies gilt insbesondere für Vervielfältigungen, Übersetzungen, Mikroverfilmungen und die Einspeicherung und Verarbeitung in elektronischen Systemen.

Alle Rechte vorbehalten. © Varus Verlag 2006
ISBN 3-928475-80-0

IHRE ANSPRECHPARTNER ZUM WETTBEWERB „BERLINER TYPE"
(AUSSCHREIBUNG, KATEGORIEN, JURY, TERMINE): --
„Berliner Type" – das Wettbewerbeteam O.E. Bingel
Im Tokayer 15
D-65760 Eschborn
Telefon: ++49 (0) 61 73.608 606
Telefax: ++49 (0) 61 73.608 606
E-Mail: award@berliner-type.eu
Internet: www.berliner-type.eu